Entre mère et fils

Une histoire d'amour et de désir

Groupe Eyrolles
61, bd Saint-Germain
75240 Paris Cedex 05

www.editions-eyrolles.com

© Groupe Eyrolles, 2008
ISBN : 978-2-212-54034-5

Virginie Megglé

Entre mère et fils

Une histoire d'amour et de désir

EYROLLES

Table des matières

© Groupe Eyrolles

Introduction

« Ma force s'enracine dans ma relation à ma mère, aurait pu être
mis à juste titre par Goethe en exergue à sa biographie. »

Freud[1]

Entre la peur de perdre son fils et le désir de le voir réussir, une mère se sent le plus souvent tiraillée. Les sentiments qui l'animent sont beaucoup plus complexes que ne le laisse entrevoir le climat de douceur exceptionnelle qui entoure la plupart des naissances. Malgré la permanence de certains sentiments, leur expression évolue : chaque période présente des difficultés qui remettent l'attachement en jeu et qui menacent parfois une relation qui semblait jusque-là idyllique.

Du côté du fils, la volonté de garder l'exclusivité de l'amour maternel est modérée par le désir de s'en éloigner pour gagner la reconnaissance de ses pairs et rencontrer un amour au moins aussi valorisant, sans toutefois donner l'impression de détrôner la reine mère.

L'être humain existe et se sent bien ou mal exister au sein d'une relation ou d'un réseau de relations : celle qui le relie à sa mère préside à toutes

---

1. *In L'Inquiétante étrangeté et autres essais*, Gallimard, 1985.

1

les autres. Son empreinte est indélébile. De sa qualité découlera celle des suivantes.

Ainsi le mot « entre » qui introduit le titre et relie ici un fils à sa mère est-il là pour attirer l'attention sur l'importance de ce qui se passe et passe de l'un à l'autre. Mère et fils ne pouvant à l'origine exister hors de cette relation, ce livre tente de faire entendre combien être attentif à l'un ou à l'autre revient à prendre soin de ce lien privilégié. Et combien en prendre soin dès le départ est bénéfique à chacun d'eux.

Une relation s'établit comme un dialogue, plus ou moins harmonieux, où l'un ne doit pas exister au détriment de l'autre. Nous verrons en quoi, au-delà de la relation idéalisée, une mère possessive peut être abusive mais aussi en quoi certains comportements du fils viennent en réponse à une attente maternelle plus ou moins implicite. Nous verrons aussi comment une mère autorise ou non son fils à exister en dehors d'elle. Et comment, dans le meilleur des cas, son attitude entre de moins en moins en résonance avec ses propres rêves enfantins ou fantasmes féminins, pour s'adapter progressivement à la réalité de son fils.

À chaque étape de la vie, ses joies et ses difficultés. Les problèmes que cette dernière soulève sont abordés ici selon un ordre chronologique.

Si, au début de l'ouvrage, le point de vue de la mère semble privilégié, la place accordée à la responsabilité du fils augmente en même temps que son identité s'affirme et que se forge sa personnalité. En effet, avec l'acquisition progressive de l'autonomie et la prise de conscience de son pouvoir sur la relation, il apprend à jouer avec les sentiments, les siens et ceux de sa mère. Ses réactions plus ou moins volontaires prennent de l'importance. Elles modifient l'équilibre fusionnel premier, remettent en cause ou supplantent les réactions de la mère qui se sent alors démunie. En tenir compte est un facteur de santé.

Par ailleurs, on ne peut parler de mère et de fils qu'en excluant (arbitrairement) le père. C'est donc une relation *a priori* artificielle bien qu'essentielle.

En effet, tandis que le père peut rester indifférent, voire étranger, à cette présence naissante, l'embryon s'impose à la mère et l'occupe « tout entière ». Relation naturelle première, elle commence ainsi à se tisser dans l'ombre de l'intimité et le silence à l'insu de tous. Et tandis que la mère est le premier être que connaîtra son fils, la première femme aussi, ce fils est pour elle à la fois le garçon qu'elle n'a pas été et l'homme qu'elle ne sera jamais. Il est son « tout autre » qui ne cesse de l'interroger non seulement sur sa capacité à être mère mais aussi à rester ou devenir femme.

Mais, absent, le père ne l'est qu'en apparence. Ce colloque de l'intime auquel nul ne semble convié est en effet peuplé ou parasité de toutes sortes de figures plus ou moins fantomatiques, parmi lesquelles la sienne a la priorité. Que ce soit le père de l'enfant, ou celui de la mère.

En ce qui concerne la vie psychique, les difficultés découlent bien souvent d'un sentiment de fragilité compensé par une idéalisation si puissante qu'elle nous empêche d'accéder à la réalité. Les réponses suggérées ici aideront à ne plus privilégier cette idéalisation mortifère, sans renoncer pour autant aux promesses de bonheur qu'elle exprime aussi. Mais, afin que ce bonheur ne soit pas seulement un vernis de surface, sous lequel couvent mésententes, désespérance et maladies, nous envisagerons l'éventualité de ces dernières.

En effet, elles ne peuvent jamais être définitivement écartées : en considérer la probabilité en atténue les méfaits lorsqu'elles surgissent. Pourquoi ne pas tenter de les éviter ou de mieux les surmonter lorsque l'on n'a pu y échapper ?

Imaginé pour aider le lecteur à mieux comprendre ce qui alimente ce lien privilégié et à mieux se connaître à travers lui, ce livre peut être abordé aussi bien à titre de prévention qu'à titre de soutien. On comprendra à sa lecture combien l'attention portée à cette relation est primordiale pour la santé de tous.

Première partie

Le premier âge de la vie : l'âge de tous les possibles

Un désir d'enfant...

L'importance du père

En psychanalyse, il est de coutume de dire que la mère, en mettant l'enfant au monde, le marque de son désir. Ce désir, présent cependant dès le début de la grossesse, est le véritable moteur de la vie de l'enfant à venir. À ce titre, il est essentiel de bien l'alimenter pour contribuer au bon développement de l'enfant. Un enfant mal désiré ou dont le désir a été imprégné de honte ou de culpabilité est susceptible d'en ressentir les blessures tout au long de sa vie. Par ailleurs, ce désir qui précède sa venue au monde n'est pas du seul fait de la mère. Pour qu'il donne naissance, encore faut-il qu'il se soit accouplé à un autre ! Et de fait, c'est cette conjugaison de désirs qui portera l'enfant dans les premiers temps de sa vie, jusqu'à ce qu'il se sente lui-même animé d'un désir suffisamment fort pour *voler* de ses propres ailes et... *convoler* à son tour. Ainsi, la participation de l'homme – dans sa fonction paternelle qui induit « un autre que la mère » – est-elle indispensable. Ceci, afin que l'enfant puisse reprendre à son compte ce désir, en assumer la transmission et le traduire (avec bonheur) pour le transmettre à son tour.

Un père est en effet indispensable pour concrétiser un désir d'enfant et lui faire « prendre forme » humaine. Ainsi son nom est-il donné au fils en signe de reconnaissance, afin que l'enfant puisse intégrer cette présence dans son développement. Mais le seul nom du père ne suffit pas et certains enfants qui le portent se vivent privés de père, parce que la mère l'aura renié ou n'aura pas plus reconnu son fils qu'elle n'aura reconnu son désir de lui donner un père.

La reconnaissance d'un père est essentielle, car elle affranchit en partie la femme de sa toute-puissance maternelle, et épargne au fils que sa volonté de puissance enfantine ne se traduise de manière tyrannique.

Volonté de puissance enfantine

La volonté de puissance enfantine est une façon de s'affirmer, de s'exprimer ou de se mettre en valeur par des moyens enfantins : colère, caprice, crise de désespoir, pour assouvir un désir ou répondre à un besoin. C'est pour l'enfant une façon de se sortir de l'insécurité. Elle peut être entendue comme un droit légitime de s'élever, mais elle peut aussi dériver en soif de puissance pour dominer les autres, de façon tyrannique et abusive. On en retrouve les traces chez l'adulte lorsqu'il veut exercer son emprise, lorsqu'il fait preuve d'intransigeance ou qu'il veut avoir raison à n'importe quel prix. Aussi l'enfant doit-il apprendre à se modérer et à se civiliser au fur et à mesure qu'il grandit. L'acquisition de la sociabilité lui permettra de se mettre en valeur de façon recevable. Dominer non par la violence, la dépréciation, la rigidité, l'autoritarisme arbitraire, par exemple, mais par ses compétences et ses talents est le meilleur moyen de faire reconnaître et d'exercer sainement son autorité.

Une mère qui reconnaît le père de l'enfant permet (*père met*) à l'un d'assumer sa paternité et à l'autre de cesser de n'être que le fils de sa mère pour se réaliser à son tour sans culpabilité à travers un acte de paternité.

Le fils dont le père n'a pas été exclu de son univers peut se projeter dans l'avenir et se séparer de sa mère en bons termes – sans chercher davantage à occuper la place du père. Les problèmes qui se présentent à la mère et au fils – aussi déchirants soient-ils à certaines périodes – seront alors abordés avec plus de sérénité.

L'enfant sait intuitivement qu'il faut être deux pour donner vie... Pourtant, la femme en proie à ses démons intérieurs ne se plie pas toujours à cette évidence. À l'écoute de son seul désir (d'enfant), elle oublie ou néglige la participation du père. L'enfant peine alors à s'émanciper et à départager son désir de celui de sa mère.

Elle peut aussi, en s'accouplant en apparence à un homme, s'accoupler de façon fantasmatique à un autre – son propre père – pour supplanter sa mère ou au contraire fusionner avec elle.

Claude élève seule Raphaël. Le géniteur de son fils n'a eu le droit de voir l'enfant qu'une seule fois, le jour de la naissance. Depuis, il est tenu à l'écart. Claude le rejette. Quand elle en parle à ses amies, elle en fait le portrait d'un homme incapable. Claude a décidé que ce petit garçon ne connaîtrait jamais son vrai père. Dès qu'il est en âge de parler, elle lui dit que son propre père est celui de l'enfant. Elle-même appelle ce père par son prénom. L'enfant la croit. Richissime notable d'une grande ville de province, le père sourit avec attendrissement quand il apprend qu'elle le fait passer pour le père du petit Raphaël. Il n'a jamais eu le temps de s'occuper d'elle autrement qu'en la gâtant démesurément sur le plan matériel et financier.

En donnant à son père le fils qu'il n'a pas eu, Claude cherche à attirer l'attention de celui-ci. Elle aspire à se rendre aimable pour cet homme qui fut l'objet de virulentes critiques de la part de sa première femme, la mère de Claude. Elle garde aussi l'espoir de s'approprier l'homme de sa mère et de prendre la place de l'épouse auprès de son père. Elle n'a pas eu de rapport incestueux réel, mais elle a conçu son fils « avec son père ». L'enfant risque fort d'en pâtir s'il est maintenu dans cette illusion qui confond les générations.

Une femme peut aussi faire un enfant « dans le dos de l'homme » (qu'elle a pourtant choisi comme père). Ou contre lui, en lui en voulant de devoir faire appel à lui, car elle nourrit en elle une haine ou une peur ancestrales de l'homme. Elle lui arrache en quelque sorte sa virilité tout en niant sa paternité. Le désir d'enfant est alors empli de peur, de honte ou de ressentiment.

Le fils pourra, sans savoir le formuler, ne pas se sentir fils de son père ou avoir honte de devenir un homme de crainte d'être à son tour détesté par sa mère.

Ainsi le désir qui préside à une naissance est-il complexe. Marqué par le désir troublé de sa mère ou troublé par ce désir marquant, un fils peinera à établir la vérité de son histoire si le père en a été effacé. Prendre son envol et échapper à l'emprise maternelle sera pour lui une épreuve angoissante à surmonter.

Mais il n'y a pas de règle précise. Un autre garçon pourra reconnaître son père sans en porter le nom et se reconnaître à travers lui, pour peu que la mère autorise l'homme à reconnaître l'enfant et que celui-ci, encouragé dans sa paternité, accepte de l'assumer… L'important est que les désirs parentaux continuent à s'accorder et à s'incarner dans l'équilibre que leur fils acquiert progressivement : il est bien le symbole vivant de ces désirs conjugués.

Sans doute est-il paradoxal de commencer un livre sur la relation entre mère et fils en parlant du père… Il faut y voir une façon d'indiquer que, quoi qu'il en soit, on ne peut en faire abstraction... Rappeler que, quelque part dans le cœur, le corps et l'esprit de la mère ou du fils rôde ce père n'est pas fortuit. Cela permet de souligner que, dans le meilleur des cas, son empreinte, même en son absence, est là pour rappeler la loi de l'interdit de l'inceste... Cette loi dont le père serait à la fois le promoteur et le garant et qui autorise l'expression de l'amour tout en le protégeant.

Autrement dit, au-delà des tentations qu'attise cette relation, il est vital de garder à l'esprit que si un fils vient un instant combler le désir d'une femme et lui donner l'illusion d'être le seul homme aimable en son cœur, il s'agira de ne pas entretenir cette illusion, afin d'éviter les souffrances insensées en qui découleraient.

Un désir avoué de fils

« Moi, quand je serai grande, mon fils, il s'appellera Paul ! » Ainsi parlait Clotilde à trois ans. Vingt ans plus tard, elle donne naissance à son premier enfant. Un fils, bien sûr... Elle l'appelle Clovis...

« Moi, mon sort m'a toujours satisfaite... Mais jamais j'ai imaginé que j'aurais une fille. J'ai toujours voulu un garçon. Un garçon en premier. Déjà, enfant, ma poupée, c'était un poupon. Je l'avais rasé. Il s'appelait Alexandre, comme mon frère. Avec mon frère, on s'entendait bien. Je l'adore. J'ai toujours rêvé de faire le même métier que lui. Et quand il a fait sa première année de médecine, j'ai su que je deviendrais chirurgien... Mon père, il était tout pour moi. Mais lui, il aurait voulu que je sois infirmière. »

Contrairement au pénis, le vagin n'a pas sa place dans la théorie de la sexualité infantile. Pourtant, il est bien un organe sexuel et reproducteur à travers lequel la femme affirme son identité. Du fait qu'il est invisible, certaines viennent à en douter. Bien sûr, toute femme n'a pas rêvé d'avoir un phallus à la place de son sexe (féminin). Seulement, la plupart des femmes, à un moment de leur existence, ont rêvé d'avoir le pouvoir qu'elles n'avaient pas… Celui dont leur frère aîné ou cadet jouissait dans le cœur maternel. Ou un autre, équivalent à celui de leur père. Dans le but d'échapper à leur mère, de la contredire ou de la dominer afin de se sentir plus fortes, car reconnues à l'extérieur, d'un point de vue social par exemple.

C'est souvent dans ces cas de figure qu'intervient le désir de fils. Refusant de se laisser définir par la négative, la fille, la future mère, entre dans une quête de pouvoir pour « être plus (forte) que je ne suis »…

Il s'agit moins d'un désir de pénis que de désirer l'autre et ce qu'il a et qui (nous) manque. Dans l'espoir de ne plus se sentir « pas assez ».

Pour Clotilde, la naissance de son garçon est l'occasion de dire qu'elle n'est pas un garçon et qu'elle n'a jamais souhaité le devenir… C'est une façon aussi de donner un fils à sa mère et d'acquérir la liberté de devenir ce qu'elle est : une fille. En effet, petite dernière de quatre filles, on l'appelait (pour rire) Émile ou Milou. Et à la disparition de son père, alors qu'elle avait sept ans, sa mère devenue dépressive la retint auprès d'elle en l'empêchant d'aller jouer avec ses sœurs et se mit en tête de l'habiller en petit marin : pull rayé et pantalon à pont qui lui allaient si bien.

Pour Annie qui n'a jamais douté non plus que son premier enfant serait un garçon, c'est une façon de se rehausser au niveau de son frère adoré tout en prenant une revanche sur lui. Enfant, alors qu'ils avaient à peine deux ans de différence, il avait « droit à tout »… Sa mère avait toujours une excuse pour le protéger et une bonne raison pour obliger Annie à faire ce que lui n'était pas tenu de faire. Ainsi, contrairement à lui, lavait-elle son linge personnel. Et il aurait fallu qu'elle renonce à faire médecine pour ne pas blesser l'aîné recalé en première année.

Pour Anne-Marie, son fils ressuscite en quelque sorte le garçon qu'elle ne fut pas. Aînée d'une fratrie de trois, elle vécut à huit ans la naissance d'un petit frère comme une déchirure. Promise à un avenir radieux, unique objet de

12

consolation d'une mère dépressive après une fausse couche tardive, elle se vécut abandonnée et dévalorisée quand le petit Hector capta l'attention maternelle. Son dépit fut tel qu'elle se jura d'avoir d'abord un fils pour que sa fille ne se sente jamais ainsi déchue – et pour se venger de sa mère.

Pour Suzanne, son désir de fils prend naissance dans la volonté d'échapper à un sentiment de malédiction. Trois générations de femmes qui n'ont donné naissance qu'à des femmes, les unes et les autres ayant subi la violence de leur père, de leur mari, mais aussi de leur mère ou grand-mère... Si sa mère avait obéi à sa grand-mère, elle-même n'aurait pas vu le jour. Et l'aïeule furieuse que sa fille eût contrevenu à ses ordres la soumit à sa violence. Souffrant dans son corps de femme de la souffrance des femmes qui l'ont précédée, elle espère avoir un fils afin qu'il « n'endure pas le même martyre »... Pour en finir avec ces lignées de filles et que son enfant échappe aux affres de la féminité...

Annie, Clotilde, Suzanne... L'une espère un fils pour échapper à la fatalité, l'autre pour se soustraire à sa mère. Certaines mettent au monde un garçon pour donner à leur père le fils que cette mère n'a pas su lui donner. Ou encore s'affirment de cette façon pour ne pas se laisser supplanter par une sœur ou un frère qui ont déjà mis au monde un garçon.

Il est curieux de découvrir que certaines filles n'ont jamais douté qu'elles mettraient au monde un garçon. Esprit de compensation ? Désir de reconnaissance ? Nécessité de se démarquer de leur propre mère ? Un désir n'est jamais simple ni pur, mais en général la venue d'un fils donne aux femmes le sentiment de se compléter.

Une attente de réparation se cache aussi souvent derrière ce désir. Comme si avoir un fils permettait à certaines de prendre une revanche sur un destin moins clément qu'il n'y paraît... « Ne pas avoir été un fils pour son père » ou « N'avoir été qu'une fille qui n'a pas suffi à réparer les blessures narcissiques d'une mère » est parfois moteur. Avoir un fils est alors une façon de se donner le pouvoir qu'une fille n'a pas. C'est également courir le risque, pour la mère qui n'a pas conscience d'adresser cette demande à son enfant, de s'identifier à lui par la suite et de développer avec lui une relation fusionnelle qui le troublera dans sa quête de virilité. Au « Je suis mon fils… » qu'elle laissera entendre pour se rassurer, le fils répondra en écho « Je suis ma mère » faute de pouvoir s'en détacher.

Blessure narcissique

Le narcissisme étant l'amour que le sujet a pour lui-même, par blessure narcissique on entend tout ce qui a porté atteinte à l'image de soi. Et qui déforme la perception du monde et de soi-même.

Une blessure narcissique est la trace douloureuse de ce qui a été vécu par le sujet comme une agression. Occasionnée dans l'enfance, elle entrave le développement psychique et l'affirmation du « moi » qu'elle fragilise. Elle laisse des lésions qui donnent lieu à de la susceptibilité et à d'autres réactions souvent considérées comme démesurées. L'identité se construit en fonction du regard et de la reconnaissance des autres. Aussi la personne qui a subi des blessures narcissiques n'aura de cesse, une fois devenue adulte, de chercher un reflet d'elle-même pour se rassurer, soit dans un miroir, soit dans le regard de l'autre. Les blessures narcissiques s'aggravent avec le temps si elles ne sont pas prises en compte. Cela se traduit par de l'instabilité et un manque de confiance en soi, souvent dissimulé sous une apparente assurance.

Ce genre de blessures correspond le plus souvent à des traumatismes subis durant les premières années de la vie et dont l'écho douloureux se perpétue au présent. Les traumatismes étant passés le plus souvent inaperçus, elles sont difficiles à panser.

Désir incertain, désir masqué...

Le désir d'avoir un garçon n'est pas toujours tranché. Et plus il peine à se formuler, plus la venue d'un fils prend valeur de réparation, tant au niveau personnel qu'au niveau de la lignée.

« Moi en mettant un fils au monde, je me suis sentie bonne... Comment dire ? Oui, c'était un fils pour ma mère et un fils pour mon père... D'accord, c'était le mien, mais pas seulement... J'avais l'impression qu'ils en avaient besoin. L'impression ? Non, j'en étais sûre... D'ailleurs si vous aviez vu leur bonheur à la naissance de Noa... Ma mère, elle avait toujours dit qu'elle n'aimait que les filles... Pourtant, j'en suis sûre maintenant, c'était pour ne pas me blesser... Son petit-fils, vous savez, il l'a régénérée... Et mon père, le jour de la naissance, on aurait cru que c'était lui mon bébé... Fier. Ému. On aurait dit qu'il jouait à la poupée... Ce n'était plus un homme. Il était fragile... Vous savez pas le bien que ça fait de faire du bien à son père... J'avais toujours eu des rapports distants avec lui. Il fallait que je me fasse dure pour qu'il me remarque. C'est pas qu'il m'aimait pas... Mais j'avais l'impression qu'il se laissait écraser par les femmes. C'est pour ça qu'il me fuyait... Mais depuis Noa, il est plus souvent à la maison. Maman m'a dit que c'est la première fois qu'il s'occupe d'un bébé. Petites, ma sœur et moi, il paraît qu'il osait pas nous porter. »

Fille ou garçon ?

Un enfant ? Oui, mais lequel ? À la source du désir se trouve un nœud complexe de doutes et d'interrogations. La conception est précédée de méditations, de songeries, d'appréhensions, d'hésitations... Un enfant ? Oui... Non... Mais si, bien sûr ! Mais avec qui ? Pour qui ? Pour quoi ? Les sentiments s'entrechoquent et se contredisent. Le désir appelle la mémoire à la rescousse pour se renforcer, mais celle-ci vient le freiner. Père, mère, sœur, cousins, cousines, tous ont eu des enfants... Mais qu'est-ce que cela a donné ? À quoi ça sert un enfant ? Trop vieille ? Trop jeune ? « Est-ce qu'il ne va pas me déformer ? » se demande l'une. « Est-ce qu'il ne va pas m'emprisonner ? » s'interroge l'autre.

Quand, à l'instant de la conception, le désir s'inscrit dans l'acte amoureux, il a déjà dû résister à moult barrages qui ont participé à le conforter dans le cœur de la mère. D'autant que la préférence pour un fils n'est pas toujours avouée.

15

Pour Marguerite, mettre un fils au monde, c'était trahir sa mère et risquer de « la perdre ». Annette n'a eu que des filles et n'a jamais cessé de dire qu'elle n'aimait que les filles ! Cet amour inconditionnel pour les filles forçait l'admiration de Marguerite. Aînée de cinq enfants, elle a toujours joui d'un statut particulier. Et n'a jamais osé contrarier sa mère de crainte de perdre ses privilèges. Seulement, la perfection affichée par sa mère l'étouffait. Face à elle, elle se sentait systématiquement en position d'infériorité. Comment se démarquer d'une mère « trop bonne » ? Si Marguerite gardait un souvenir ému de son enfance et des pensées attendries pour sa mère, elle se sentait paralysée à l'idée de ne jamais pouvoir mieux faire. Oser ce que sa mère n'a jamais osé sera pour elle le moyen de se sentir plus forte. Et prendre le risque que sa mère n'aime pas son enfant fut une façon de prouver qu'il était bien le fruit de son désir et non de celui de sa mère.

« Tant pis si je la trahis, se dit-elle. Tant pis pour ma mère, si elle n'aime pas les garçons. »

Lorsqu'elle a compris ce qui s'était joué, son fils avait quatre ans. Mais durant sa grossesse, elle ignora son désir, de crainte d'être contredite ou prise en flagrant délit de désobéissance. Souhaitant devenir mère, sans perdre la sienne, elle savait qu'elle risquait de la meurtrir. Ne pas dire à sa propre mère qu'elle attendait un enfant fut sa façon de se protéger tout en affirmant sa différence à travers sa maternité.

La naissance du petit Henri fut accueillie dans le bonheur par toute la famille, y compris par Annette !

« Moi, si j'ai un fils… Je ne pourrais pas avoir qu'un seul enfant. Si c'est un garçon… je suis sûre que je voudrais un autre enfant… » dit Émilie. Elle vient d'apprendre que c'est un garçon qu'elle attend. « Un garçon ? C'est comme si j'étais déçue, comme s'il ne pouvait pas me suffire, comme si déjà je lui en voulais de ne pas être une fille… Pourquoi ? »

Est-ce à dire qu'elle aurait souhaité une fille ? On peut en douter.

Mais l'idée de porter un garçon dans son ventre la trouble... Elle s'étonne d'avoir osé. Elle a six mois devant elle pour s'y habituer.

Ce que les non-dits font au fils

Le garçon a besoin de se sentir accepté. Objet de projections troublantes, il pourrait douter de lui ou de son identité, si les hésitations de sa mère perduraient.

Étrange alchimie que celle qui relie une mère à son fils quand le garçon dans son enfance a été à la fois objet de haine et de jalousie, mais aussi d'espérance et de secrètes convoitises.

Comme si le fruit de son désir la faisait douter de ce désir, la future mère est susceptible à tout instant de projeter son propre doute sur l'enfant à venir.

Elle s'interroge sur les capacités futures du bébé à la satisfaire et sur les siennes à bien l'aimer en retour. Ce faisant, le trouble qui la submerge risque d'hypothéquer leur avenir. Comment un garçon peut-il se propulser dans le sien s'il est amené à douter de sa virilité future ?

L'identité n'est pas seulement affaire de sexe. Celle-ci s'infirme ou se confirme par ce que l'enfant perçoit des pensées de ses parents, et plus encore de sa mère, qui lui communique ses sentiments en le portant. Être accepté par elle est un besoin. Se sentir pleinement reconnu comme un garçon, à la fois dans son esprit et dans son cœur – et pas seulement dans les mots – en est un autre.

La mère qui attend un garçon tout en se persuadant qu'elle voudrait une fille sera disposée à l'élever comme la petite fille idéale qu'elle n'a pas été... Si elle ne renonce pas à son rêve de petite fille, elle sera tentée d'identifier l'enfant à ses fantasmes. Tout en l'appelant « mon garçon », elle cherchera la fille en lui...

Nourri d'indicibles contradictions dont il ignore la source, le petit garçon grandit sans pouvoir nommer le tourment qui l'habite… Perturbé par les signaux contradictoires qui lui parviennent, il ne se sent pas aimé pour ce qu'il est et cherchera à correspondre à ce que sa mère lui demande d'être sans comprendre cette demande. Le désir masqué trouble l'enfant, qui le manifeste par des refus et des oppositions aussi incompréhensibles que les messages brouillés qu'il reçoit. Selon l'histoire maternelle[1] à l'origine de ce désir, un tel trouble pourra se traduire chez l'enfant par un sentiment de saleté.

« Qu'est-ce qui m'encombre dans ce corps qui n'est pas moi ? De quoi ai-je à me débarrasser ? Qu'ai-je de mal ou de sale, quel est ce trop-plein de femme en moi ? Ne serais-je pas mieux si j'étais un autre[2] ? » pourrait se dire Harry dont sa mère déplore la saleté. Il se salit parce qu'il se sent sale : il ne sait ni ne peut l'exprimer autrement.

Cette sensation est d'autant plus pénible que les projections maternelles dont il est l'objet durant la conception sont porteuses d'amour et transmises au nom de l'amour. Ne les percevant pas comme hostiles, il n'a pas *a priori* l'idée de s'en débarrasser mais a simplement du mal à s'y conformer.

Une mère qui affirme vouloir une fille alors qu'elle attend un garçon a des raisons intimes, le plus souvent inconscientes, de ne pas oser *vouloir un garçon* ou de ne pas oser l'avouer.

Si, après l'avoir porté neuf mois, tout en rêvant à une fille, la mère ne renonce pas à *son rêve*[3], le bébé le ressent. *Expression d'un doute de la mère sur*

---

1. Mésalliances, trop grande proximité entre les membres d'une même famille, réputation « salie »…
2. Ou une autre ?
3. Le rêve, qui maintient dans l'illusoire, ne doit pas être confondu avec le désir profond qui donne naissance à une réalité…

sa propre féminité ou d'un ressentiment envers le genre masculin[1], les fantasmes maternels se transmettent à l'enfant d'inconscient à inconscient.

Le nœud formé par les non-dits est bien *complexe*. Au carrefour de plusieurs sentiments contradictoires, il trouble la relation naissante, l'entache d'une histoire dont le fils devient l'héritier. Il tiendra à lui de le résoudre. Mais, durant les premières années, peinant à savoir qui il est, il ne saura ni où ni comment se situer.

Comment échapper aux fantasmes d'une mère sans être privé de ses soins ? Comment s'affirmer sans la contredire ? Comment mettre en doute les sensations qu'elle communique à notre corps d'enfant à travers ces non-dits quand on ne peut douter de sa toute-puissance ?

> Ainsi John a-t-il été désiré par sa mère. Elle laisse pourtant ses cheveux pousser et l'habille de pantalons aussi larges que des jupes. Sa nourrice le trouve si gracieux qu'elle lui met du vernis, pour protéger ses petits ongles fragiles, dit-elle.
>
> Jusqu'à onze ans, il fera partie d'une chorale. Sa voix cristalline est la fierté de sa mère. Elle pleure en le coiffant rien qu'à l'idée qu'il va muer et qu'il ne pourra alors plus jamais chanter. Mais elle lui reproche de pleurer comme une fille lorsqu'elle l'emmène chez la nourrice...
>
> Décontenancé, le petit garçon reste docile pour faire plaisir. Il a du mal à se faire des amis, refuse la bagarre, tremble dès qu'on lui parle un peu fort, et a tendance à se positionner en tant que victime, comme s'il ne se sentait pas autorisé à être un garçon.
>
> C'est alors que la mère entreprend une psychanalyse, car elle se sent responsable des difficultés d'adaptation de son fils. Elle comprend peu à peu ce

---

1. Dû, par exemple, à la brutalité d'un frère aîné ou à la naissance inattendue d'un puîné qu'elle aurait voulu supprimer, tout en feignant l'adoration.

qu'elle « savait sans le savoir » en dénouant le complexe qu'elle ne parvenait pas à s'avouer, car dans la solitude cela lui paraissait « un crime ».

« Comme si c'était honteux de vouloir un garçon. Comme si j'avais dissimulé mon désir d'avoir un fils. Et pourtant, je l'aimais mon John... Vous ne pouvez pas savoir... C'est même pour ça que je l'ai mis en nourrice, j'avais peur de lui faire du mal en étant une mauvaise mère... Je me sentais incapable... J'avais peur que mon lait ne soit pas bon. Si j'avais su que pour lui la nourrice c'était pire... Pourquoi ne l'ai-je pas entendu mon petit quand il m'a dit qu'il ne voulait pas y aller ? Et dire que c'est parce que je croyais ne pas avoir été aimée parce que j'avais été une fille ! »

Ainsi un fils peut-il être l'occasion pour une mère de se réparer[1]. Mais le plaisir qu'elle y prend peut devenir sadique, si elle n'a pas dénoué ce dont elle a souffert. La crainte de revivre ou de faire revivre à son enfant ce qu'elle a vécu la perturbe, la paralyse ou lui retire les moyens de bien agir. Si bien qu'elle peut être tentée de faire souffrir à son tour.

Ces histoires de désir, chacune se les raconte de façon plus ou moins consciente... Elles hantent parfois les rêves d'une mère, peuplent ses journées, l'angoissent, la « travaillent ». Seulement, la plupart des mères se gardent d'en parler, chacune étant persuadée d'être la seule à les vivre.

Un travail analytique « démasque » le désir. Il peut alors être avoué, presque banalisé – bien qu'une naissance ne soit jamais banale – et affirmé au grand jour.

« Je veux un fils parce que ma mère ou mon père ou mon frère... Parce que, dans ma famille... »

---

1. Voir *Couper le cordon, guérir de nos dépendances affectives*, Virginie Megglé, Eyrolles, 2005.

Quand le complexe familial et transgénérationnel qui préside à une naissance est résolu, en parler (au passé) n'est plus un obstacle. Ce qui procurait un sentiment de malaise, une fois dissous, n'apparaît plus sinon comme un souvenir dont on aime sourire mais qui ne fait plus souffrir. Le fils se sent alors libéré...

Un fils sans désir ?

Il arrive qu'une (future) mère qui a souffert à cause de son père – ou dont la mère a souffert à cause du sien – ressente une haine, plus ou moins déguisée, à l'égard du sexe mâle.

L'enfance est le théâtre d'un jeu complexe entre l'amour et la haine. Aussi une fille peut-elle craindre de perdre sa mère en aimant son père ouvertement. Elle va alors rendre son père responsable de cette peur qu'elle éprouve de façon inconsciente. Et elle lui en voudra s'il ne sait pas l'aider à sortir de cette contradiction.

En nourrissant de l'animosité envers son père, une future mère répond à son besoin de réparer sa propre mère en la vengeant des hommes. Mais elle éprouve aussi le besoin de se réparer en développant une relation personnelle, plus heureuse, avec ces mêmes hommes. Devenant adulte, elle peut encore éprouver le même besoin. Mais cette fois-ci, c'est son père qui en est l'objet. Sans le dire à sa mère, elle mettra au monde l'enfant qu'elle imagine que celui-ci aurait souhaité, pour devenir un père et un homme aimables. Elle aspire à le rendre bon (père) mais a peur d'être surprise dans la réalisation de ce désir. Pareille révélation signerait une transgression : elle serait en danger. Elle s'applique à le dissimuler mais ce désir continue à agir dans l'inconscient.

Ainsi une future mère peut-elle faire – pour le père – le fils que celui-ci n'a pas eu. Ou encore, telle Claude, dans l'exemple cité précédemment, un fils avec son père ! Bien sûr, cet accouplement reste de l'ordre du fantasme, mais il nourrit le désir qui donne naissance à l'enfant et influence son destin.

Un désir secret ?

Rares sont les femmes qui sont tout à fait claires avec leur désir... Dans la vie, nos plus grandes décisions se placent sous le sceau de l'ambiguïté. Sans cesse, nous avons l'impression d'avoir à faire des choix complexes, éprouvants. D'où une propension à agir, en se laissant guider par l'inconscient, sans prendre le temps de s'arrêter. Dans certains cas, les non-dits sont si forts qu'ils empêchent la volonté de s'exprimer. On croit ne pas vouloir d'enfant et pourtant, soudain, on en attend un. On croit ne pas vouloir de fils, et c'est un fils qui vient au monde. Sans se dévoiler, la logique de l'inconscient contredit celle de l'ordinaire.

« J'ai eu un fils, j'étais sûre que je n'aurais que des filles », prétend Muriel.

« Moi, je ne voulais pas d'enfant, répond Bérénice. Je prenais la pilule et pourtant je suis tombée enceinte. Le pire, c'est que je ne l'ai su qu'au bout de trois mois, presque quatre. J'avais des saignements... Sûre que c'était mes règles... Jamais je n'aurais pensé être enceinte. C'est mon gynéco qui me l'a appris. »

Ainsi Bérénice s'est-elle laissé mettre devant le fait accompli ; elle apprend, à son grand étonnement, qu'il est trop tard pour avorter.

Son inconscient lui a dicté le moyen d'être sûre de garder son fils et de le mettre au monde, dans une famille qui là encore ne jurait que par les filles. Son désir n'était absent qu'en apparence. Le laisser en retrait lui a permis de n'en faire « qu'à sa tête » et de protéger le fils qu'elle portait sans affronter l'opposition parentale ni discuter du bien-fondé d'avoir un fils à vingt ans alors que sa sœur aînée n'était pas encore mère.

© Groupe Eyrolles

Cela peut se traduire ainsi : « Je désire un enfant, je dis que je n'en désirais pas… Je désire un fils, mais ça ne se dit pas… C'est pour moi le seul moyen de le faire et de l'avoir sans que cela se voit. »

Influence de l'apparente absence de désir maternel sur l'enfant

La détermination de Bérénice pour mener à bien son projet secret est remarquable, mais elle ne va pas sans certaines répercussions préjudiciables pour son fils. En effet, un garçon conçu « en cachette », pourra se sentir « ignoré » ou honteux d'avoir été dissimulé, quand bien même c'était pour sa survie. Il n'osera pas, par exemple, exister au grand jour. Et, pour ne pas trahir sa mère, il deviendra introverti et timide à l'excès ou honteux de n'être qu'un garçon. Quelle que soit la force du désir qui aura présidé à sa naissance, il en doutera, s'il ne se sent pas autorisé à l'incarner au grand jour. Ou si l'impression domine chez lui de devoir rester dans l'ombre pour ne pas dévoiler le secret maternel. Là encore, l'amour est en jeu. C'est la crainte de le perdre mêlée au sentiment de ne pas le mériter qui dicte la conduite.

À la mère d'être vigilante et de faire comprendre à son fils pourquoi elle a agi ainsi. Il n'est pas nécessaire cependant de tout lui expliquer. L'essentiel est qu'il entende que cette attitude était à la fois une nécessité vitale (pour elle) et une preuve d'amour (envers lui). Oser reconnaître, ne serait-ce que pour elle-même, ce qui l'a poussée à protéger sa grossesse en la dissimulant la libérera. Le secret ne pèsera plus ni sur elle ni sur son fils, elle osera le porter au grand jour. Elle n'aura plus honte d'avoir été contrainte à le cacher.

Ce faisant, elle ne reprochera pas, par la suite, à son garçon, ce sentiment de honte que la simple présence de l'enfant aurait suffi à raviver. Elle n'attendra plus de lui qu'il la nettoie de cette honte, elle n'en fera pas le malheureux objet de son ressentiment. Et par conséquent, l'enfant ne se sentira plus handicapé par l'indicible impression de ne pas avoir été (bien) désiré.

Sinon, à la moindre imperfection qu'il aurait manifestée, il aurait pu s'attirer des reproches et des réprimandes interminables. Et, pour une simple salière renversée, subir un sermon ou recevoir des injures démesurées.

Les fantasmes en effet ne sont pas des péchés ! Sitôt que l'on cesse de les confondre avec la réalité, ils cessent de nous duper. Conjugués au passé, ils s'avèrent enfantins et perdent leur nocivité. La mère s'en détourne en prenant conscience d'avoir rêvé, enfant, du mari de sa mère comme s'il pouvait être le sien. Ou d'avoir imaginé que son père serait logé à meilleure enseigne si c'était elle qui en prenait soin. Elle peut sourire de ses enfantillages et reconnaître que son fils n'est pas pour autant celui de son père... Prendre soin de lui est alors un plaisir dont la culpabilité aurait pu la priver !

Souvent, la seule annonce de la naissance du bébé suffit à bien inscrire le désir au présent. La jeune fille s'efface au profit de la mère en prenant conscience de la puérilité de son imagination. Le désir devient légitime avec la grossesse qui avance et c'est ce sentiment de légitimité qui se transmet à l'enfant. Autorisé à vivre à ciel ouvert, il ne se sent pas entravé dans son développement.

Mais d'autres fois, la mère s'obstine à douter de son désir de fils ou de la pureté de ce désir. Elle continue, telle une enfant, de craindre, dans son inconscient, d'être prise en flagrant délit d'interdit. Et quand le petit garçon vient au monde, elle est tentée de le nier. Il se sent alors la proie d'une sombre histoire, dont il ignorera tout, jusqu'au secret.

Un autre cas de figure montre combien il est difficile pour un fils de bien se situer, de bien « se sentir », face à une mère qui a dû dissimuler son désir. Il illustre aussi la « dramatisation » que provoquent les non-dits :

pour rester fidèle à sa propre mère qui déteste les hommes, une mère fera semblant de ne pas vouloir le fils qu'elle met au monde, comme si ce n'était pas elle qui l'avait porté. Puisqu'elle se sent en danger, elle refusera d'avouer les sentiments d'amour qu'elle nourrit pour lui, jusqu'à les nier. Et plutôt que de les lui révéler, elle prendra le risque qu'il s'imagine non désiré.

Comment s'affirmer face à une mère qui, fantasmant avoir commis un « crime », en conçoit une telle culpabilité que, pour s'en débarrasser, elle rejette encore plus son enfant ? Dès lors, comment le fils pourrait-il ne pas feindre la docilité pour échapper à son animosité ? Comment retenir les manifestations agressives de sa volonté de puissance quand c'est elle qui permet de se maintenir en vie ? L'enfant est pris dans les affres des contradictions, que ce soient les siennes ou celles de sa mère. La relation n'est douce qu'en apparence...

Éclaircir, autant que possible, à l'écoute de l'inconscient, ce qui préside à la montée d'un désir, allège la mère en dégageant sa conscience, et garantit au fils une plus grande aisance pour incarner et réaliser ce désir.

L'arrivée du fils

« Le premier acte d'amour d'une mère est le mensonge. »

E-E Schmitt

*« Avec l'amour maternel, la vie vous fait à l'aube une promesse
qu'elle ne tient jamais. On est obligé ensuite de manger
froid jusqu'à la fin de ses jours... »*

Romain Gary

La nostalgie de Romain Gary nous en dit long sur les enjeux de ce lien qui unit une mère à son fils et la résonance douce-amère de ses mots rappelle combien il est complexe et empli de contradictions. Soulignons cependant que son pessimisme n'a jamais démenti l'amour inconditionnel de l'écrivain pour sa mère.

Le caractère divin que revêt l'apparition d'un nourrisson est parfois contredit par la difficulté du fils à s'incarner hors du giron maternel. Bien que prometteur de perfection, de complétude et d'éternité, l'amour d'une mère n'est pas aussi immuable et désintéressé que certaines images d'Épinal le laissent entendre. Pourtant, toute naissance se dit comme une promesse. Il ne s'agit pas ici d'en noircir le tableau, mais d'éclairer certains aspects enfouis dans l'ombre afin de mieux mettre en valeur la qualité intrinsèque de cet amour « forcément sublime ». Et lui donner les meilleures chances de réussite.

Il est né le divin enfant : de l'être-ange à l'étranger

Une naissance révèle la mère. Son corps se métamorphose en même temps qu'il se libère. Et dans le même mouvement, sa perception du monde se nuance. Elle n'est plus dans l'attente, mais vigilante et prête à veiller au grain, pour protéger le nouveau-né. En effet, quand la « mère devient », (quand la fille devient mère), la fille cesse de n'appartenir qu'à sa mère ou lui appartient un petit peu moins. Elle pense moins à revendiquer l'attention et, enfin prête à se détacher de ses parents, elle aspire moins à se rattacher à son compagnon. Parfois même le rejette-t-elle et, sans même y penser, se détourne des uns et des autres car transportée et sollicitée ailleurs, dans la plus grande des félicités.

Autrement dit, elle s'émancipe. Elle se sent exister. Elle se suffit à elle-même. Son fils, pour une période plus ou moins longue, au lendemain de la gestation, suffit à la combler.

Ce processus est particulièrement fort lors de la naissance du premier enfant. Mais il se reproduit à chaque naissance. La présence du nouveau-né, et toutes les promesses qu'elle porte en son sillage, compensent largement les pertes occasionnées par ce changement, parmi lesquelles la liberté de mouvement, l'insouciance, la nonchalance et le sentiment d'éternité.

La femme qui découvre la maternité rayonne et s'épanouit. Les regards convergent vers elle. Le monde l'envie, la porte aux nues. À l'arrivée d'un nouveau-né, en même temps que mère, elle devient un peu plus femme, un peu plus forte, un peu plus « elle »... Elle se découvre sublime dans les regards qui la subliment... La procréation lui donne un instant l'illusion d'être « complète », de ne plus avoir besoin de rien. L'enfant est tout pour elle. Elle lui promet de tout pouvoir pour lui. Grâce à lui, elle est enfin reconnue. Toute à son désir, elle se sent devenir un sujet dont on envie la puissance. Son bébé, son garçon, lui donne, à travers cette reconnaissance, ce qu'elle n'a jamais eu, ce dont elle a été privée. Ce qui peut ici s'incarner, comme nous l'avons vu, dans ce pénis dont elle a manqué symboliquement.

Il n'y a pas si longtemps, on pouvait entendre que « les filles n'ont pas de sexe »[1]... Elles avaient beau savoir qu'elles en avaient, ne pouvant le montrer, elles n'étaient pas en mesure de le prouver. Elles n'avaient pas... De quoi ? De ce qu'avait un garçon ! Si une mère a souffert de ce manque ou si elle a senti qu'on lui reprochait inconsciemment de ne pas être un garçon – d'être moins qu'un garçon ou de ne pas combler le manque de sa mère – elle peut enfin triompher en montrant que... elle aussi, elle en a... ! Le fils[2] est alors un élément de fierté qui la porte au même niveau que les garçons. Il est l'accomplissement du rêve... Parfois, l'occasion d'une revanche sur le destin. L'opportunité d'*être enfin ce que l'on n'a pas été en ayant ce dont on a souffert d'avoir manqué...*

---

1. Ce sont elles que l'on rendait le plus souvent responsables de la stérilité d'un couple, sans imaginer qu'elle puisse être partagée ! Tout comme leur frigidité était prétexte aux escapades du mari !
2. Parfois, aussi, la fille, surtout quand c'est le premier enfant.

L'idéalisation à la source du mensonge ou le mensonge à la source de l'idéalisation ?

Cet état de grâce annonce cependant l'emprise possible que la mère exercera sur son fils et sur le père de celui-ci… Derrière ses regards attendris, se profilent parfois des projets plus sombres liés à la peur de *perdre* ce dont on a manqué si longtemps. Le fils est alors objet de désir et de satisfaction, voué à apaiser l'appétit insatiable d'une mère qui souffre de n'avoir jamais assez : en effet, si sa venue a comblé sa mère dans l'imaginaire, le petit garçon se vit comme un fantasme, il peine à prendre corps et à s'incarner dans la réalité…

Et si la mère se complaît dans une toute-puissance autarcique, la culpabilité aura tôt fait de pointer son nez. À la crainte d'avoir à se détacher de son fils, se substitue l'assurance de ne jamais le perdre… Et sitôt qu'il tentera d'échapper à cette emprise surgira l'impression de tromper sa mère liée là aussi à la crainte de (la[1]) perdre avant même d'avoir été.

Le mensonge évoqué par les deux écrivains en exergue de ce chapitre illustre à la fois une perception subjective et la réalité la plus communément rencontrée. C'est le mensonge par lequel la mère laisse entendre à son fils (et par là à son entourage) que tout est pour le mieux dans le meilleur des mondes. Qu'elle est la plus heureuse des femmes, qu'il est le plus merveilleux des enfants, qu'elle n'a pas de problème, qu'elle ne souffre pas, qu'elle sera toujours présente, qu'elle n'est qu'amour pour lui, qu'il n'est que source de plaisir pour elle… Le regard qu'elle pose alors sur lui se laisse percevoir comme une promesse de « bonheur éternel ». Nécessaire – pour ancrer le désir et apaiser ou oublier au plus

---

1. Ici, le féminin, qui renvoie d'abord à la mère, fait écho progressivement à d'autres féminins : les mots que l'on emploie pour désigner le sexe masculin (verge, bite, queue, quéquette, biroute, pine)…

vite la douleur que réveille toute naissance chez l'enfant et la mère – ce mensonge peut devenir abusif s'il supplante la vérité de l'enfant en ignorant ses propres difficultés.

À l'origine de tous les rêves, l'imaginaire est aussi source de plaisir… Mais lui sacrifier une vérité n'est pas sans risque. Si le mensonge est utile pour faire avaler certaines pilules indispensables à la survie, il n'épargne pas l'apprentissage. Les difficultés de la vie sont réelles. Élever un enfant, c'est aussi le préparer à ces difficultés et inviter son père à participer à l'éducation. Mais rares sont les jeunes mères qui n'imaginent pas qu'elles peuvent *tout* pour leur fils tant elles sont intimement persuadées qu'il est *tout* pour elles et qu'elles pourront toujours *tout* pour lui… L'enfant qui n'a pas encore l'expérience du monde ne sait faire autrement que de croire en cela. Et la découverte de la réalité, avec le temps, peut se faire sentir cruellement si elle contraste trop avec cette promesse.

Anesthésique, le mensonge est un état transitoire auquel toute mère a recours à son corps défendant. Cependant, l'idéalisation d'une naissance, loin d'être du seul fait de la mère, vient souvent en réponse à une attente sociale, familiale ou conjugale. On demande à la mère et aux enfants de réussir dans tous les domaines. La mère tend à donner une image d'elle qui ne correspond pas à sa souffrance intime.

Tandis que les douleurs sont bien vite oubliées – et cet oubli peut prendre valeur de mensonge – le plaisir d'une mère dit autant le bonheur d'avoir mis au monde un fils que la nécessité de préserver des forces pour *se* maintenir et *le* maintenir en vie. Derrière ses mimiques attendries, une nouvelle maman est souvent une femme accablée par les souvenirs qui remontent dans la nuit depuis l'inconscient… Sous l'accueil du divin se lit la difficulté d'avoir porté physiquement *seule* le bébé et la crainte de devoir l'élever *seule* liée à celle de ne pas savoir faire autrement que de l'élever seule. Elle rêve que l'homme qu'elle rejette sera assez fort pour faire vivre son fils sans se laisser décourager par ce

31

rejet. Craignant qu'il n'y parvienne pas, il lui arrive de tout faire pour l'en empêcher !

L'idéalisation est en elle-même un *mensonge* puisqu'elle ne correspond pas à la réalité.

Le mensonge vital

Quand une personne se sent trop faible pour faire face à une situation, elle a recours au mensonge pour embellir la réalité. C'est une façon de garder en haute estime sa propre valeur et de faire illusion, pour échapper au malaise que lui communique la réalité. Plus tard, elle cherchera des prétextes et se donnera des excuses pour tenter de conserver son prestige. L'idéalisation de la maternité, à la naissance, est ainsi une sorte de mensonge – qui se passe de mots mais qui embellit la réalité – et en transmet une image déformée et déformante à l'enfant. La découverte du monde et de la réalité est bien souvent d'abord vécue comme une déception.

Si c'est vers la mère que le fils se retourne pour se plaindre et réclamer, c'est parce qu'elle est la seule dont il ne peut douter, tout comme elle seule sait combien il fut lourd de le porter. Le plaisir de la naissance est parfois une sublimation de la souffrance maternelle à laquelle les hommes restent indifférents faute de pouvoir la partager. De même qu'ils ignorent ce que signifie « *porter un enfant* » faute d'en avoir fait l'expérience.

Entre promesse et menace : la venue du divin enfant

Ainsi le « divin enfant » n'est-il pas seulement une promesse de bonheur pour sa mère. Quand la venue du petit garçon est l'occasion de revivis-cences sournoises, des fantasmes cruels, douloureux ou étouffants se dissi-mulent derrière les faire-part les plus charmants.

Mais les souffrances alors occasionnées, bien prises en compte, sont aussi l'occasion pour une mère de se libérer des souvenirs alors ressuscités...

Le divin enfant, l'enfant idéalisé, est à la fois investi de toute-puissance et la proie de toutes sortes de projections. Souvent, il a très vite conscience du fait qu'il est destiné à réparer sa mère. Seulement, à la naissance, il ne peut savoir en quoi consiste cette réparation. La tâche lui incombe alors de répondre à toutes les promesses, jusqu'aux plus insensées[1]... Mieux vaut répondre à toutes que de ne répondre à aucune...

Tout fils est plus ou moins auréolé de divinité à sa naissance. Ce recours au divin vient compenser dans nombre de cas une image de l'homme négative car elle renvoie la mère à une image elle-même négative de la féminité[2].

Derrière l'enfant divinisé, plane parfois le pire de l'image d'un mari : le sexe pour ce qu'il représente de violent et d'intrusif.

Entre un frère que l'on jalouse et un père que l'on désire... Entre un frère que l'on adore et un père qui n'a pas su rendre heureuse notre mère... Comment élever son fils ?

« Est-ce que je vais en faire un homme ? » se demande la mère. « Ou est-ce que je vais faire en sorte qu'il devienne le contraire de tout ce qui m'insupporte dans le sexe opposé ? Cet étrange étranger... »

---

1. Et parfois malheureusement aux promesses qui impliquent de l'incestueux et de l'incestuel. L'incestueux étant caractérisé par le passage à l'acte, tandis que l'incestuel, selon Paul-Claude Racamier « (...) *sera ce qui dans la vie psychique individuelle et familiale porte l'empreinte de l'inceste sans qu'en soient nécessairement accomplies les formes génitales* ».
2. Image négative aussi du garçon : une petite fille peut ainsi adorer « son » frère, mais détester le garçon qui monopolise « sa » mère...

Mère et garçon : l'apprentissage de la différence

Accepter son fils, c'est faire le deuil de la fille que l'on aurait aimé être

Qu'il soit fille ou garçon, la sexualité marque de son empreinte l'enfant dès le premier désir qui préside à sa naissance… Cependant, l'identité relève aussi du genre, masculin ou féminin, qui marque la différence sans la réduire au sexe anatomique. Fille, garçon… « Toi différent de moi… ». Même si c'est d'abord un bébé qu'une maman porte, c'est aussi un bébé garçon. Certaines insistent même sur le terme et s'appliquent durant la grossesse à ne parler de lui qu'en l'appelant « mon garçon ». Façon d'affirmer et d'intégrer cette différence.

Marguerite ne parlait que de son garçon, Monique seulement de son fils, mais l'une et l'autre se demandaient : « Comment peut-on couver et mettre au monde un être si différent… ? »

Si pour certaines, elle semble aller de soi, cette préoccupation interroge la mère tout au long de la gestation et même au-delà…

Tandis que la *fille* en grandissant reste *une fille* et devient « *ma fille* », le *garçon* reste un *garçon*, mais devient aussi « *mon fils* ». Telle est la langue française qui propose deux termes pour le masculin, garçon et fils, et un seul pour le féminin, fille.

Donner naissance à un enfant, c'est mettre au monde le fruit d'une histoire d'amour… Donner naissance à un garçon, c'est inaugurer une histoire d'amour entre deux êtres essentiellement différents : une histoire étrange et complexe pour l'un comme pour l'autre…

« Quand on m'a apporté Noé, j'étais sûre que la puéricultrice s'était trompée ! Il était long, maigre, tout noir… Ah ! Si vous aviez vu la petite fille de la maman d'à côté, un véritable petit ange. Ronde, rose, des yeux grand

© Groupe Eyrolles

ouverts sur le monde... Mon Dieu qu'il était vilain ! On aurait dit un crapaud...
Un pruneau tout ratatiné. J'ai même imaginé le changer... Oui, l'échanger
contre un autre ! Si vous saviez combien j'ai pleuré... Ce bébé, ça pouvait
pas être à moi ![1] »

De même que pour accueillir un fils, un père doit faire le deuil du petit
garçon qu'il a été, la maman, apparemment comblée, doit elle aussi se
détacher de la petite fille idéale qu'elle aimait être dans le cœur de sa
mère, et céder de la place au nouveau-né.

Devenir mère d'un garçon c'est alors renoncer à faire de lui cette petite
fille idéale, mais c'est parfois aussi ne pas pouvoir s'en empêcher... Ainsi
la maman de Noé attend – malgré elle – de son bébé qu'il la répare. Car
il ressuscite en elle l'enfant qu'elle fut et qu'elle rêve dans son inconscient de redevenir...

La difficulté de correspondre à l'idéal maternel

En grandissant, le petit garçon cherche à préserver une bonne image de
lui. Entre ange ou démon, il prend place dans la famille, après avoir pris
naissance dans le giron maternel... On peut imaginer le monologue
intérieur de celui qui n'a pas encore les mots :

« Oh là, là ! Que c'est dur, quand ma maman à moi elle ne m'aime pas
parce que je ne suis pas comme elle... Des fois, je ne la comprends pas, je
ne comprends pas ce qu'elle rejette en moi ! Des fois je l'agace, ce n'est
pourtant pas de ma faute si je suis différent. Oui, je ressemble à mon papa.
Quand je grandis, j'ai l'impression qu'elle m'aime moins. Va-t-elle encore
moins m'aimer si je ne suis plus un bébé... ? Il ne faut pas que je change.

1. Ce bébé deviendra le fils préféré de sa mère.

Quand j'ai peur, elle me protège, quand je suis fragile, elle est gentille : il vaut mieux que je reste le même... pour qu'elle m'aime. Et puis pourquoi elle fait comme si j'étais le fils de son père ? C'est pas lui mon papa. Pourtant, des fois, elle le laisse croire. Moi, je préfère quand c'est mon papa qui s'occupe de moi... Mais des fois après, elle se met en colère ! »

La haine de l'homme en général, la jalousie féminine envers les garçons ou la rivalité entre mère et fille peut fausser, nous l'avons vu, la relation entre une mère et son petit garçon et l'entacher, faute de vigilance, d'une histoire compromettante. Le fils ressent cette haine, quand elle sourd entre sa mère et lui, comme si elle lui était adressée personnellement. Et si parfois il y réagit avec des cris incompréhensibles, il se demande toujours s'il n'en est pas la cause. Comment ne pas la subir ? Comment s'en démarquer ? Comment ne pas représenter ce que sa mère déteste ? Comment devenir parfait pour elle ? Comment se soustraire à ses assauts d'hostilité quand ils lui tombent dessus telle une mauvaise grêle ?

Pour lutter contre les fantômes, un garçon tentera de correspondre à l'idéal maternel. Mais alors qu'il lui est intimé d'être mieux que le père, mieux que le frère, mieux que l'oncle, toujours mieux, sans pouvoir s'appuyer sur une image masculine positive, il ne peut que décevoir la mère qui attend trop de lui[1].

Nous deux : la dyade amoureuse

Toute naissance bouleverse au-delà de l'imaginable, même quand c'est pour le meilleur. On ignore ce que la venue de l'enfant ravivera de notre histoire passée ou cachée, ce qu'elle dévoilera de notre secrète intimité. On l'espère car elle permet de nous projeter ; elle est pourtant l'occasion

---

1. Voir *Mon fils à moi* de Martial Fougeron avec Nathalie Baye.

de résurgences pas toujours souhaitées. Ce que la naissance a promis est contrarié par ce que l'arrivée de l'enfant révèle de l'inconscient.

Un amour teinté d'érotisme

Communion, symbiose, dyade amoureuse, fusion, osmose... les mots ne manquent pas pour tenter de définir le corps à corps maman-bébé. L'un prend corps, l'autre lui donne vie... L'amour se vit sans se dire. Chez lui, c'est l'appétit de vivre. Chez elle, l'appréhension de perdre ce qui lui avait donné l'illusion de ne plus manquer. La mère alimente le corps de son fils qui alimente en retour son cœur. L'un et l'autre se réconfortent l'âme. Le lien se tisse, nourri de sentiments et d'illusions. De risques et de projets. D'espoir et d'épuisements. Il semble que mère et fils se connaissent et pourtant la relation dès la naissance est une entreprise d'apprivoisement réciproque... Entre la peur et le besoin, la frustration et l'agressivité, il est inquiétant de constater que l'on ne peut pas se passer l'un de l'autre tout en vivant la nécessité d'avoir à s'en détacher ! Une mère éprouve le besoin de respirer, et le fils la tentation de l'extérieur. Le regard maternel qui accompagne les soins érotise progressivement la relation. Et tandis que bébé grandit, la mère découvre l'homme en lui.

« J'ai l'impression de tromper mon mari avec mon fils, je me sens coupable alors je lui en veux... À qui ? À mon mari, bien sûr. Enfin, c'est pas tout à fait vrai, à mon garçon... aussi. Normal, je les aime. Et eux, ils me font mal ! Oui, j'ai mal de m'en vouloir à moi. Vous dites que tout ça n'est que fantasme et reviviscence d'un amour premier ? N'empêche, ce qui n'est pas du fantasme, c'est que ça fait mal. Alors, si c'est ça l'amour... je veux bien. Mais le pire, dans ces moments, c'est qu'on a mal, on se sent mal, mais on ne sait même pas de quoi. »

La maternité est exigence de perfection. Pour contrer les difficultés qui la contrarient, la mère promet l'éternité. Songeant à s'apaiser plus qu'à apaiser l'enfant, toute à sa volonté d'idéaliser l'instant de son apparition, elle lui impose un vécu qui lui procure des sensations bien trop fortes pour son âge et sa constitution... La vie n'est pas que du bonheur. Comment le lui cacher ? N'est-ce pas trop l'aimer que de tout lui dire ? N'est-ce pas déjà le tromper que de le lui cacher ?

« Toi mon garçon, mon petit bonhomme, mon amour, mon tout petit, mon petit bout... »

L'érotisme que nous venons d'évoquer se glisse entre une mère et son petit garçon lorsque celui-ci vient pour réparer la fille. Seul dans ses bras, il l'accapare tout entière, plus rien n'existe en dehors de lui. Elle est, elle sait, elle veut... tout pour lui.

> « Il n'y a pas de danger à ce que nous vivions toi et moi comme un seul... Moi, je ferai toujours attention à toi. Je sais ce qui est bon pour toi et ce qui ne l'est pas », laisse entendre Sabine à son petit Robin. Il a beau être un homme en devenir, en cet instant, il est soumis à son bon plaisir à elle.

La transgression de la loi de l'inceste plane à travers le désir d'union éternelle, au risque de condamner le petit garçon à ne pas trouver de salut en dehors de sa mère. Dépassée par les effets qu'il produit en elle, c'est un peu comme si elle lui demandait :

> « Toi qui es bien monté, bien armé, mieux que je ne l'ai été, tu vas me donner des forces, je désire que tu te plies à mon désir pour m'aider à réaliser mon idéal. Grâce à toi, je t'aimerai... »

Ainsi, dès ses premiers mois, le petit garçon peut-il être destiné à armer une mère *alarmée* au risque de se laisser *désarmer* ! Amères sont les larmes de sa mère qui plus tard le lui rappelleront.

Tout n'est pas noir cependant. Il est seulement indispensable de faire preuve de vigilance, face au risque de l'inceste. Il est plus présent qu'on aimerait le croire. Les dangers, en effet, ne viennent pas toujours de l'extérieur mais aussi de l'intérieur.

Étrange histoire d'amour qui se trame là. À chaque instant, une mère s'applique à ne pas heurter son bébé. Quitte à se sentir coupable à chaque instant de n'avoir pas assez pris soin de lui en le livrant un peu trop à lui-même.

Un amour fusionnel

Jusqu'à six ou huit mois, période où l'enfant émerge de la relation fusionnelle, le petit garçon a avant tout besoin de se sentir en sécurité. Tout ce qui n'est pas de l'ordre maternel est une perturbation potentielle... C'est l'angoisse de l'étranger, du différent, du non familier. Autrement dit, de tout ce qui ne vient pas directement apaiser ses sens ou qui les trouble. Encore inachevé, l'enfant a besoin d'un climat qui s'apparente autant que possible au monde utérin pour accomplir le passage du tout-maternel au social. De son côté, la maman, encore tout empreinte de sa « portée », se sent démunie si elle s'en éloigne trop longtemps. La proximité est vitale à l'un et à l'autre. La présence du petit garçon régénère la mère, et celle de la mère rassure l'enfant. Il a besoin d'elle pour grandir, elle a besoin de lui pour se rassembler et progressivement s'en détacher. Autant il lui est indispensable de *se retrouver*, autant pour cela a-t-elle encore besoin du bébé. C'est dans ce besoin impératif qu'ils ont l'un de l'autre que s'enracine leur histoire d'amour. Et de même que la relation qui en découle est à la source de toute relation amoureuse future, les récriminations ultérieures du petit garçon devenu homme seront le plus souvent destinées en secret à sa mère, bien qu'en apparence elles soient adressées à une autre. De même, les tromperies adultères seront vengeance du sentiment d'avoir été trompé par sa propre mère, ou bien expression du besoin d'être récupéré, par elle encore, lorsqu'il aura eu le sentiment d'être (injustement) abandonné. Le fils a alors sans cesse besoin d'être rassuré sur l'amour qu'elle lui a porté.

Une mère est naturellement encline à protéger son bébé, à choyer son fils, à couvrir de ses soins le petit garçon qu'elle le voit devenir. Elle pense à le parer contre les dangers dès les premiers instants de la vie. Mais elle a beau le conforter de son amour, il sera toujours tenté d'en demander plus, sitôt qu'il se sent en insécurité.

En le protégeant elle *se* protège, en se protégeant elle *le* protège... Lui et elle font « comme un »... Il est unique pour elle, comme elle veut l'être pour lui. Il devine ses tourments et réagit à ses maladies autant qu'elle perçoit ses malaises. Elle tente de l'apaiser aussi souvent que possible ; seulement, parce qu'elle se sent imparfaite, il lui arrive de l'inquiéter.

Elle : toujours désespérément malheureuse dans ces instants où elle ne trouve pas de solution au chagrin de l'enfant... Lui : tout aussi désespérément malheureux, lorsqu'elle n'a pas de solution pour venir à bout de ses tourments.

C'est ainsi qu'ils commencent à se connaître mieux et plus que tout autre.

Le tout petit garçon de son côté aime à se sentir choyé. Il sait jouer de son charme. Grâce à lui, il se sent devenir puissant... Autrement dit, il compense cette impuissance désarçonnante qui le saisit au moment de la naissance et apprend à user de ce charme qui joue sur sa différence (sexuelle) dès les premiers instants où il en prend conscience. Sa mère ne peut y rester insensible. Elle l'observe en silence et il l'observe l'observant. Leurs réactions inaugurent un langage qui se passe de mots, auquel nul autre n'est convié.

Auteur de cet être adorable, elle se plaît à succomber à chacun de ses sourires. Et puisqu'elle imagine mal qu'ils ne lui soient pas tous adressés, elle est prompte à écarter n'importe quelle personne susceptible de lui en subtiliser un… C'est une histoire entre elle et lui, dont elle tient à garder la prérogative. Et le petit garçon prend goût à cette exclusivité dont il devient l'objet.

La séduction à l'origine est un jeu naturel. Elle découle du désir qui a donné la vie. Pourquoi y résister, puisqu'en y répondant, à son tour, par la séduction, on entretient la vie ?

Dans ce cas, l'interaction est synonyme de douceur et d'attendrissement apaisants, elle ressource. Elle fait partie des nourritures vitales : pourquoi imaginer s'en priver ?

La mère aime à se sentir bonne en accomplissant des gestes sources de bien-être. Le fils aime à se sentir bon quand le sourire de sa mère lui confirme son pouvoir de la combler.

On entrevoit la romance qui se noue entre ces deux-là.

La mère fait oublier au petit garçon les difficultés liées à son absence d'autonomie… Et lui, grâce au rêve qu'il favorise, lui laisse croire qu'il existe un homme idéal. N'est-il pas investi du pouvoir de la réparer dans sa féminité mise à mal depuis la naissance[1] ? Elle oublie alors ses peines et ses déboires auprès du sexe mâle.

Plus ou moins fugaces, ces instants suffisent à amorcer une relation d'amour unique. Et quand leur souvenir égaye la journée, il réveille le désir[2], en tant qu'appel à la vie. Les minutes de désespoir, sauf cas exceptionnels, ne parviennent à en venir à bout.

---

1. Non pas que la femme soit une victime, mais tout être humain, dans ses moments de fatigue ou de faiblesse, souffre de sa condition d'être incomplet.
2. Le désir est ici employé au sens large du terme. En tant qu'appétit de vivre qui peut bien sûr, par glissement, se confondre avec le désir sexuel. Dans la mesure où il est prise de conscience et recherche des plaisirs de la chair. Avec les glissements progressifs que cela suppose.

Quand la mère se sent coupable de trop aimer ou de ne pas aimer assez, d'aimer mal ou de ne pas bien aimer, c'est à son fils qu'elle en veut de ne pas « tout pouvoir pour lui ». Il s'efforce alors de tendre vers la perfection pour prolonger la communion idyllique première.

Cette façon de se séduire en restant indispensable l'un à l'autre donne le la de la relation et permet de se retrouver – aimable l'un pour l'autre – après une période de crise.

Un regard maternel qui dit « je t'aime, je te veux » suffit à réveiller le sourire du petit garçon.

Une mère n'a pas besoin de mots pour se faire entendre dans ces moments-là. La complicité qui se tisse entre eux, dans une langue qui exclut, rend jaloux le monde extérieur : « Mon fils, mon garçon… regardez-le-moi ! »

Grâce au pouvoir d'attraction que sa mère lui confère, le petit garçon surmonte bien des chagrins. Elle a voulu son fils, elle a dû arracher son désir à toutes sortes de résistances… Il saura la consoler pour se faire consoler…

Mais à ce rythme-là, la relation ne survivrait pas, s'il n'y avait d'occasion de l'ouvrir sur l'extérieur au risque de la contrarier.

Une entreprise de séduction au risque de l'étouffement réciproque…

La reviviscence des souvenirs enfouis – de génération en génération – qui s'est manifestée avec le désir d'enfanter, puis durant la gestation peut compromettre l'amour ou le démentir, si la mère n'y prend pas garde. C'est dans ses bras, en effet, que le petit garçon est susceptible de se sentir inquiété par les éléments étrangers à ce colloque de l'intime qui viennent en perturber la douceur.

Les réactions de la mère et du fils se colorent d'érotisme, puisqu'elles mettent en scène les jeux du plaisir. C'est à partir de là que s'élabore l'image inconsciente que le petit garçon a de son corps. De fait, il lui arrive de se concevoir de façon imaginaire comme l'amant de sa mère, si avec le temps elle n'apprend pas à retenir le plaisir qu'elle retire des soins prodigués à son fils. Le danger de ce repli sur soi et sur l'enfant est de rendre la relation étouffante, de s'enfermer à deux dans l'éternité[1]...

Par ailleurs, cette entreprise de séduction réciproque n'est pas exempte d'élans négatifs ou de mouvements de rejet, traces résiduelles d'une haine couvée envers les hommes qui caractérise, comme nous l'avons évoqué, nombre de femmes. La fusion en effet est propice au conflit... Plus on est proche, plus on s'étouffe, et plus on a besoin d'air pour respirer. Plus on aspire à se séparer... Et moins on supporte l'étroitesse de la communauté !

L'admiration maternelle pour un fils est sincère, mais nourrie de la culpabilité de n'avoir pas toujours aimé le sexe opposé, elle est le revers d'une détestation qui transparaît dans certains soins dispensés à contrecœur. La mère aura beau se l'interdire, l'enfant le ressent. Quand l'*impensé*[2] traverse l'histoire familiale sans être mis à jour, il hante la relation.

> Patricia rêve d'un fils qui ne sera jamais un de ces *mauvais garçons* dont sa mère et sa grand-mère en silence ont souffert.
>
> Dan se devra d'être sublime pour racheter tous les hommes. Et tandis qu'il est l'objet de compliments flatteurs, des émotions liées à la mémoire familiale viennent les démentir.

---

1. Au propre ou au figuré. Alors que pour se sentir exister, l'enfant doit sentir que sa mère se soumet à l'épreuve du temps, qui inscrit l'humain dans la réalité.
2. Ce qui n'a pas été précisé ni saisi par la pensée. Et donc non mis en mots.

> À quatre mois, docile mais peu souriant, il souffre déjà d'être mis en rivalité avec d'autres hommes et d'être aussi idéalisé que, eux, sont méprisés. Comment devenir quand le vécu contredit l'idéal projeté sur soi ? Comment grandir quand chacun de ses gestes menace de déplaire à sa mère ? Comment se projeter dans l'avenir quand les modèles masculins ne sont que des repoussoirs ?

Les images du rêve idéalisé se superposent en silence à celles issues de la réalité et certains rêves se font cauchemar. Dans la proximité des corps, l'enfant est imprégné à son insu de non-dits, de fantasmes et d'angoisses maternels. Impuissant face à ce qui *se passe*, en lui et entre elle et lui, il réagit comme il peut. Ignorant *a priori* ce qui plaît ou déplaît à sa mère, sitôt qu'elle a cessé de lui envoyer des signaux aimables, il calque si possible ses réactions sur les siennes pour en provoquer chez elle de plaisantes.

Avec le temps, pour plaire et surtout ne pas déplaire, Dan apprendra à s'harmoniser avec les sollicitations maternelles afin de produire les compliments les plus savoureux. Les tensions qu'il provoque lui communiquant des sensations négatives, il cherchera à les éviter pour amadouer sa mère.

L'amour entre mère et fils n'est pas dénué d'une tendre culpabilité refoulée et la séduction filiale vient en réponse à celle qu'exerce la mère pour se rendre elle aussi aimable. Elle devra veiller à éviter cet étouffement réciproque évoqué ci-dessus ainsi que la résurgence de démons intérieurs, si elle veut éviter que la relation ne devienne névrotique[1].

Initiée lors de la conception, l'union se poursuit dans sa complexité au-delà des mots sans exclure l'amertume. Heureusement, l'érotisation de leur relation, évoquée plus haut, aussi troublante soit-elle, compense ces mouvements de rejet naturel consécutifs à la différence. Autrement dit,

---

1. Plus ou moins maladive et marquée par des troubles affectifs ou émotionnels.

la complémentarité supplée à la différence. On peut donc décomposer la relation des premiers instants de la vie en trois temps : fusion, mouvement de rejet de la mère face à la différence et réapprivoisement par la séduction.

Le masculin n'est pas toujours aimable au féminin, il s'agit de résister aux pulsions négatives de rejet. On admirera d'autant plus celui qui a survécu à nos élans de détestation que l'on a su dépasser les sensations désagréables qu'il nous inspirait... L'amour qui a permis de mettre au monde aide à surmonter les épreuves. Qu'il reste le plus fort permet de continuer à porter l'enfant. Une mère aspire plus que tout à le transmettre, aussi longtemps qu'elle reste en bonne santé.

Séduire et se laisser séduire. Un peu mais pas trop. Juste ce qu'il faut, pour ne pas détruire l'amour et rendre la vie possible.

La séduction est une parade. Elle met en jeu la fragilité. Il est donc vital qu'une mère la mesure pour éviter d'y succomber. Le sexe y est naturellement présent, en tant qu'organe de jouissance et de reproduction, mais aussi en tant qu'élément qui définit un genre par rapport à un autre. Quand cette différence oppose et contrarie, la séduction, qui joue sur l'apparence physique, offre la possibilité d'un terrain d'entente sur un plan intellectuel ou artistique. Mais elle se doit de rester platonique entre mère et fils. Le charme de l'amour entre elle et lui, c'est que, mis en danger, il a sans cesse à être gagné, mérité, reconquis[1]. Mais quand la femme (ou la mauvaise fille[2]) pointe derrière la mère, la vigilance est de mise. Faire preuve de retenue est en son seul pouvoir. Veiller à ne pas tomber dans l'excès est de son devoir.

---

1. Sur la séduction et quant aux réserves que doivent s'imposer les parents voir : www.psychanalyse-en-mouvement.net, l'article « Séduction et psychanalyse : la tentation de l'innocence ».
2. Celle qui se transforme en fée carabosse ou en sorcière charmeuse pour arriver coûte que coûte à ses fins.

Allaiter son fils

Qu'il s'agisse d'une fille ou d'un garçon, on ne s'occupe pas du bébé de la même façon. Avec un garçon, tout geste fait sens.

Le sein ? Pas le sein ? Le biberon ? Pas le biberon ? Avant la naissance et parfois jusqu'à la dernière minute, ces questions sont un vrai casse-tête, et plus particulièrement pour la future mère d'un garçon. Haine intériorisée de la virilité ou peur transgénérationnelle de l'homme... on ne définit pas toujours ce qui dicte un choix. C'est parfois la nature qui décide... La mère est sèche, pas une goutte de lait. D'autres fois, c'est l'enfant : la mère a beau avoir du lait, son garçon refuse désespérément le sein et détourne la tête en hurlant aussi longtemps qu'on ne lui présente pas le biberon qui lui convient.

« Comment nourrir mon fils ? » Derrière cette interrogation perce la crainte de la relation incestueuse ou l'angoisse de « l'impossible séparation[1] ».

Claire doute d'elle-même :

> « Mon fils, c'était terrible, il ne me parlait pas... Enfin je veux dire... Je ne savais pas comment faire... Ce n'était pas facile de savoir ce qu'il voulait. Il m'a toujours posé problème... Je ne comprends pas. Il pleurait beaucoup. Pour le calmer, c'était toute une histoire... Et puis quand la pédiatre m'a dit que je devrais le décalotter, ça m'a effrayée. Je ne me voyais pas lui faisant ça... C'était comme lui donner le sein... D'accord, c'est un bébé... Mais

---

1. L'angoisse de l'impossible séparation est ici à entendre des deux façons. D'une part, l'angoisse de ne jamais pouvoir arriver à se séparer, alors que la séparation est vitale. D'autre part, l'angoisse liée au savoir plus ou moins conscient que cette séparation, aussi vitale soit-elle, est paradoxalement impossible à réaliser totalement.

après qu'est-ce qu'il aurait pu imaginer ? La fille de ma sœur, elle était si mignonne ! Mais lui, non, je ne veux pas dire qu'il n'est pas beau... Mais quand même ! »

Myriam de son côté s'était jurée de ne mettre au monde que des garçons. « Tout plutôt qu'une fille. » Son frère avait eu la préférence. Elle ne voulait pas faire revivre à un enfant son calvaire de petite fille toujours mise à l'écart ou en situation d'infériorité.

Son premier enfant fut en effet un garçon, Éloi. Mais, tout de suite après, est née Alice.

Myriam s'aperçut qu'elle supposait *a priori* savoir ce qui est bon pour Alice, tandis qu'elle l'ignorait pour son fils... Persuadée d'être incapable de s'occuper de lui, affolée à l'idée de mal le nourrir, elle paniquait à chaque biberon. Aujourd'hui encore, alors qu'il a à peine plus de deux ans, elle s'agace dès qu'Éloi manifeste une faiblesse. C'est les larmes aux yeux qu'elle évoque les premiers mois du petit garçon.

« Avec lui, ma vie était comme un champ de bataille. Je me sentais perdue. C'est vrai qu'à sa naissance, j'ai regretté de pas avoir une fille. Pourtant, je l'avais voulu mon garçon ! Mais le courant ne passait pas... Comment le nourrir ? Comment le changer ? Comment oser toucher ce sexe bien plus proéminent que j'aurais pu imaginer ? »

Elle se souvient de sa colère contre le nouveau-né à l'idée qu'il ne soit pas une fille. Elle avait rêvé d'être pour lui une mère aussi bonne que la sienne l'avait été pour son frère. Hélas, il y a loin du rêve à la réalité ! La tâche, le jour de la naissance, avait l'aspect d'une corvée.

Après avoir balancé entre le biberon et le sein, à peine s'était-elle décidée pour le biberon qu'elle regrettait de ne pas lui avoir donné le sein.

Se fustigeant d'avoir fait des erreurs avec les biberons, de s'être trompée tantôt dans les horaires, tantôt dans les dosages, elle se persuada qu'il lui en voulait de ne pas l'avoir suffisamment aimé. Alors qu'il ne parlait pas encore, elle l'entendait déjà lui reprocher de ne pas l'avoir allaité au sein, de l'avoir tenu à distance. De l'avoir, en somme, rejeté.

> « C'est vrai, l'idée qu'il me touche me dégoûtait. Je voulais pas d'un garçon tout le temps dans mes jupes… En fait, j'ai l'impression que je lui en voulais… Que ça passait pas entre nous… Si ça avait été une fille, je ne dis pas, mais qu'un garçon me touche, après je n'aurai pas pu le regarder dans les yeux… »

Doutant d'elle, au fur et à mesure que le temps passait, elle s'est mise à envier ses amies qui allaitaient leur fils et le rapport plus tendre qu'elle leur prêtait.

Elle regrette de voir Éloi grandir trop vite… Se demande s'il ne va pas devenir un étranger… Elle en veut à son frère d'avoir eu un régime de faveur, mais c'est Éloi qui en fait les frais.

Aujourd'hui, un petit Théo vient de naître. Trois enfants de suite, elle se sent débordée. C'est à cette occasion que les souvenirs remontent. Elle a décidé d'allaiter Théo. Son air d'ange doux qui semble ne pas y toucher la fait fondre… Elle découvre d'autres joies et se promet de réparer avec le second ce qu'elle n'a pas su donner au premier. Éloi a été frustré, Théo ne le sera pas. Elle se sent pourtant coupable quand Éloi regarde le bébé téter.

Moins marquée par la crainte de l'inceste avec Théo, moins sujette à la tentation du corps à corps, elle sait dès le départ opérer un clivage entre la mère et l'amante… Plus proche de son instinct *animal*, non envahie d'images fantasmatiques, elle sait qu'elle peut mettre sa féminité entre parenthèses le temps d'allaiter.

Ce n'est pas tant de ne pas avoir été allaité qu'Éloi peut souffrir. Ni de ne pas avoir eu ce qu'il n'a pas eu, mais plutôt de la frustration maternelle. À Myriam d'apprendre à accepter l'idée de n'avoir pu lui donner plus qu'elle ne lui a donné. Sinon, sa propre frustration peut retentir sur le développement sexuel de l'enfant. **Car ce qui l'influence, ce n'est pas tant le geste ou son absence, que ce qui passe à travers ce geste ou ce qui se déduit de son absence.**

La frustration maternelle a pour effet de supprimer les limites imposées par un choix. Elle communique le doute et déstabilise l'enfant, à qui l'apprentissage de ces limites est pourtant essentiel. En effet, apprendre à choisir, c'est apprendre à se contraindre. C'est abandonner plusieurs alternatives pour n'en retenir qu'une. De la définition de ces limites dépend la santé de la relation.

Il n'existe pas de geste anodin. Derrière tous les actes quotidiens s'agitent des fantasmes plus ou moins conscients. Nourrir son enfant, ce n'est pas seulement le nourrir, c'est également se confronter à l'image que l'on a de l'homme et de son corps. Qu'importent les fantasmes, pour peu qu'ils ne fassent que traverser la réalité sans la commander. Le désir de bien faire et de transmettre la vie prime dans ce cas sur le reste. C'est lui qui s'inscrit dans la mémoire du petit garçon, durant les trois premières années de sa vie, et qui le porte.

Ce qui se passe est relativisé par la conscience qu'une mère a de son pouvoir sur son enfant. En le modérant, elle évitera de faire du petit garçon le bouc-émissaire de ses frustrations, de ses regrets ou de ses envies.

Peu importent les gestes maladroits, ils sont le lot de toute mère : s'ils ne sont pas délibérés, les gestes tendres se chargent de les faire oublier.

L'important, avec son fils, n'est pas de chercher à faire toujours mieux, mais d'être aussi bien que possible en sa compagnie. C'est d'éviter de transmettre la sensation de n'en faire ou de n'en avoir *jamais assez*. Veiller à ne pas regretter de ne pouvoir lui donner que ce qu'on peut lui donner est essentiel. Si l'amour importe plus que tout, il importe d'apprendre à ne pas le gâcher avec des sentiments de culpabilité.

Une mère n'en fait jamais assez. Pourtant, ce qu'elle donne, aussi long-temps qu'elle le donne, est toujours suffisant. Le petit garçon aime avant tout se sentir aimé.

La sensation d'insatisfaction d'une mère parasite le bien-être que par ailleurs elle s'applique à communiquer. On a tendance à oublier que les premiers mois sont toujours agités.

Une mère au clair avec ses fantasmes et ses attentes sait que le sein érotique et le sein nourricier ne sont qu'un. Elle sait aussi les distinguer pour nourrir l'enfant sans l'aimer comme un amant... Mais pour une autre ce sera au-dessus de ses forces... Elle préférera se protéger et anti-ciper sur l'éventuel danger de prendre trop de plaisir à nourrir ce bébé sans savoir s'interdire de jouir... Se souvenant de ses jeux sexuels adoles-cents ou adultes, elle sait qu'elle ne pourra se retenir... Inutile de le vérifier ! Quand elle redoute la femme en elle, avec son désir de séduire toujours plus et toujours autrement, une mère préfère éviter d'allaiter quitte à enrayer la montée de lait... Crainte de laisser percer et son désir et sa crainte... Crainte des effets de la promiscuité... Crainte de faire de *son* garçon l'objet de son désir, crainte du plaisir... Crainte de ne savoir que faire de son désir et d'engloutir le petit garçon en même temps qu'il se délecte, crainte de le dévorer de son désir... Les fantasmes sont sources de frayeurs multiples et certaines mères s'en protègent derrière une froi-deur de surface. Lorsqu'elles sentent poindre le désir, à travers un effet de jouissance qui se transmet à leur corps, elles se l'interdisent dans sa totalité plutôt que d'encourir le risque d'y succomber.

D'autres mères conçoivent du dégoût à l'idée de donner le sein. L'éviter est une façon d'épargner leur dégoût à leur fils. Le refus préalable d'allaiter est alors un moyen de mettre leur féminité entre parenthèses en vue de devenir mère. Devenir « mère de ce fils-là » ne peut se concevoir qu'en tenant leur corps à distance de celui de leur garçon dans lequel elles projettent déjà l'homme de leurs rêves… À chaque naissance son histoire. Chaque enfant est en effet l'objet de projections particulières et ce qu'une mère ressent pour un premier fils, elle peut ne pas le ressentir pour un autre. Toute naissance est l'occasion d'une rencontre singulière dont ni la mère ni l'enfant ne peuvent prévoir ce qu'elle réserve. Un fils aîné peut raviver des souvenirs de jalousie ou de maltraitance intolérables tandis que le cadet s'annonce telle une terre vierge prête à n'accueillir que de belles expériences…

Incontournable belle-mère…

Entre mère et fils plane l'ombre tantôt inquiétante, tantôt agaçante, en tout cas toujours influente et jamais anodine de la mère du fils devenu père à son tour. Celle-ci n'hésite pas à conclure qu'elle sait mieux y faire avec son petit-fils que sa belle-fille. Par conséquent, l'une et l'autre se mettent en rivalité. L'aînée, fière du privilège d'avoir déjà élevé un fils, prend plaisir à faire valoir *sa* longueur d'avance. Elle aime à laisser supposer que *son* fils à elle est certainement mieux que ne le sera jamais celui de la bru ! Cette insinuation bien sûr exaspère la jeune mère qui ne peut la contredire, puisqu'elle a choisi le garçon en question comme époux !

La belle-mère peine à rester en retrait… Le nouveau-né la renvoie à ses jeunes années… Regimbant à se conjuguer au passé, elle s'emploie à se réactiver au présent. Ses conseils sont comme des ordres, que la plus jeune serait fautive de ne pas suivre. Sa façon de s'immiscer dans le couple de son fils, à l'occasion de la naissance du petit garçon, est éprouvante pour la bru. Elle qui ne rêvait que d'entente n'aime pas que l'on s'occupe du bébé à sa place : toute à la découverte de la maternité, le savoir de l'aînée la dérange s'il lui est imposé. Mal à l'aise, elle cherche à éviter la guerre, mais refuse de s'effacer.

Les premiers jours d'un fils sont aussi les premiers pas d'une mère. La voilà tout en délicatesse. Un rien suffit à la brusquer, alors que la belle-mère, jamais avare d'idées pour afficher sa supériorité ou démontrer son utilité, s'emploie à expliquer comment laver, langer, nourrir le petit garçon... Tandis qu'elle lâche ses idées comme des injonctions, la plus jeune met son point d'honneur à ne pas les exécuter. Mais d'avoir à résister au pouvoir de la mère de son époux la trouble au point d'en devenir plus maladroite qu'à l'ordinaire pour s'occuper du bébé !

Le trait est un peu forcé, mais il rend compte de la tension inévitable entre une nouvelle mère et une ancienne... Et de la difficulté de la transmission d'une génération à l'autre. La mère d'un fils ne peut ni cesser de l'être ni accepter l'idée (qui pourtant la traverse) de ne pas être et de ne pas rester la meilleure. Mère d'un fils, on est d'abord et pour toujours la mère du nourrisson qu'il fut et ne cessera jamais tout à fait d'être pour soi. La vue d'un autre bébé en ravive l'émotion et l'illusion.

Difficile pour la mère d'un garçon de ne pas rivaliser avec une autre, que ce soit la sienne, une amie, une cousine ou sa belle-mère ! Ce désir de faire plus et mieux stimule et perturbe à la fois ce qui passe de bon entre une mère et son bébé.

Aucune femme n'est plus à l'abri qu'une autre de dérives possibles... Que ce soit au biberon ou au sein, une mère ne conçoit guère de ne pas être la meilleure des nourricières. C'est le seul moyen de se rassurer contre le sentiment de solitude consécutive à la naissance d'un fils destiné à en aimer une autre.

Plaisir de l'un et plaisir de l'autre : jeux d'alimentation, jeux de pouvoir

Tout ce qui excède les besoins du nourrisson produit en lui un effet de débordement. Il a la sensation de recevoir bien au-delà de ce qu'il peut contenir[1] : lorsque la gêne induite par la différence de sexe déborde sur

---

1. Ces débordements peuvent être vécus comme une intrusion. L'effet qu'ils produisent se fait alors ressentir à l'adolescence à travers boulimie et anorexie et autres conduites d'addiction. Cette sensation de débordement très courante agit cependant tout en nuances. C'est dans les rêves qu'elle se manifeste le mieux.

la relation, tout geste peut prendre une connotation sexuelle et plonger l'enfant dans l'insécurité.

Sein ou biberon, si l'allaitement s'est bien passé, c'est-à-dire si le bébé grandit, devient « un vrai petit garçon », s'il surprend par sa tonicité, la mère sera en adoration devant lui. Il lui renverra une image d'elle valorisante. Autour de huit mois, l'étape qui voit l'alimentation du bébé passer du *liquide au solide* viendra marquer la *fin de la fusion*.

Mais rien n'est aussi simple et tranché. Les sentiments sont une source intarissable et la séduction, nous l'avons vu, n'est jamais absente de l'art de (se) nourrir, même chez une mère qui aura cherché à s'en protéger. Au jeu de l'alimentation, « donner, ne pas donner » n'est pas loin de « se donner, ne pas se donner ». Tout comme *refuser* n'est pas loin de *se refuser*... C'est ainsi que commencent les jeux de l'amour et de la déchirure.

La fin de la fusion qu'annonce l'introduction de la nourriture solide n'est facile à intégrer ni pour la mère ni pour le fils :

« Quand je veux, tu ne veux pas... Quand je ne veux pas, tu insistes ou tu réclames », l'un et l'autre pourraient le dire...

Comment renoncer à ce que l'on a été ? Comment prendre des distances sans pour autant cesser d'aimer ? Une mère aspire à souffrir et faire souffrir le moins possible, ce qui n'empêche pas le bébé de souffrir de son côté d'avoir à renoncer au plaisir de la tétée ! Bien qu'il soit attiré par d'autres nourritures, ne plus obtenir sur commande et à volonté la seule nourriture qui endorme et apporte un sentiment de satiété est parfois un supplice !

Le sein est l'organe ambivalent par excellence : il procure nourriture à l'enfant et plaisir érotique à la mère. Une femme très excitable doit prendre garde à mettre sa féminité entre parenthèses et à ne pas s'abandonner au plaisir. Sous peine de confondre alors maternité et sexualité : le fils en s'abreuvant procure un plaisir par lequel la mère se laisse surprendre agréablement. En d'autres termes, tandis qu'il reçoit *son dû*, il procure en échange un *plaisir indu* ! Si, pour maintenir ce plaisir, la mère se met à jouer de sa capacité à nourrir et se fait prier pour ne pas donner avant d'avoir reçu, c'est le début d'une dépendance secondaire... C'est-à-dire, d'une dépendance non vitale[1], contrairement à celle liée à l'acte de se nourrir.

Le besoin de nourriture étant vital, le petit garçon imagine le plaisir de sa mère vital. Il se sent comme obligé de continuer à procurer ce plaisir. Il craint de la « tuer » en ne le lui procurant plus... Cela reviendrait à se priver de nourriture alors que son estomac réclame... Ne pas donner le sein ne suffit pas à écarter la tentation de ce jeu pervers. Certaines mères s'y livrent derrière le biberon en toute impunité... Ou d'autres se cachent derrière une rigidité de principe pour mieux s'y adonner.

Le fils en conçoit alors un trouble qu'il intériorise, au même titre que la nourriture, vis-à-vis de sa mère et par la suite des femmes. À ce jeu pervers qui confond alimentation essentielle et nourriture érotique, séduction et éducation, limite et répression, moralité et sévérité, privation et satiété, il est le premier perdant. En effet, ce jeu qui allie pouvoir d'offrir et pouvoir de punir, plaisir et interdit (de l'inceste) fait de la transgression un moteur (de progression). Ce qui maintient le garçon dans la frustration et l'insécurité, sans jamais le mener à satiété. Déjà naturellement troublé que sa sexualité soit dès le départ ancrée dans celle de sa mère, son trouble est accru par cette dépendance au plaisir qu'il procure ou non à celle dont sa vie continue à dépendre à l'excès... Par essence abusif, ce jeu est plus fréquent qu'on ne le croit. On ne

---

1. Ainsi, certaines mères, plutôt que de donner une nourriture solide à leur enfant, poursuivent l'allaitement au sein uniquement pour leur plaisir. Elles entraînent par là leur enfant dans une dépendance à leur propre plaisir qui ne tient pas compte de ses besoins. D'autres jouent avec les besoins de l'enfant.

saurait trop engager les mères à solliciter le soutien du père ou d'une autre personne pour éviter d'avoir recours à leur fils comme objet de consolation…

Se confronter au corps de son enfant

Qu'est-ce qu'il (me) veut ? Qu'est-ce qu'il (m'a) fait ?

Les soins du corps de l'enfant sont porteurs de toutes sortes d'ambiguïtés…

« Un sexe… celui de mon fils, il est énorme ! J'ai l'impression pourtant que ce n'est qu'aujourd'hui que je découvre qu'il en a un ! »

Nelly, déjà surprise par la taille du sexe de son tout petit, s'exclamera une autre fois, après avoir vécu deux jours d'angoisse :

> « Oh ! Vous ne savez pas ce qu'il m'a fait ? Il m'a fait un cadeau ! Au-delà de toute espérance ! Je n'y croyais plus. »
>
> Quel est ce cadeau ?
>
> « Il m'a fait un beau caca ! Vous l'auriez vu… ça faisait deux jours qu'il ne m'avait rien donné ! »

Un caca… Un cadeau… Aussi saugrenue que paraisse cette comparaison, elle est humaine et répandue. Une mère a besoin de savoir son nourrisson en bonne santé. Dès qu'elle s'inquiète du bon fonctionnement de celui-ci, la crainte de porter atteinte à la vie du bébé se confond chez elle avec celle de ne pas le voir complet. L'une et l'autre pesant sur elle comme une menace de ne pas avoir le droit de vivre. Aussi chaque progrès, chaque effort de l'enfant peut-il prendre valeur de cadeau[1].

---

1. Françoise Dolto, *Lorsque l'enfant paraît*, CD vol. 1 anthologie Radio France-INA-Frémeaux et associés.

Au-delà du cadeau, il faut entendre dans le cri de soulagement de cette maman :

> « Il ne m'a pas pris la vie... Il ne m'a pas rendu la vie que j'ai tant désiré lui donner. La vie est un cadeau que j'ai eu envie et que j'ai toujours envie de lui faire même si parfois, triste et fatiguée, je ne me sens pas à la hauteur ou ne le supporte plus... »

Quand la mère se sent déprimée, c'est comme si, inconsciemment, elle avait peur que son fils refuse la vie et que, en la refusant, il ne la lui retire.

On pourrait poursuivre le dialogue intérieur :

> « J'ai eu ce sentiment qu'il pouvait me retirer la vie en gardant pour lui tout ce que je lui avais donné, le bon et même le mauvais, au risque d'en mourir. J'ai eu si peur ! Si vous saviez... Ce caca me prouve qu'il fonctionne bien. Il trie, il rejette, son corps sait ce qu'il ne doit pas garder. Ouf ! Il digère. Cela me libère. Il accepte la vie. Un vrai cadeau ! »

Une mère n'existe pas sans son enfant. Qu'il garde tout pour lui met leur vie en danger.

Ayant eu des difficultés de digestion en début de semaine, Nelly n'imagine pas que son état de fatigue puisse perturber le nourrisson. Mais, parvenant à se soigner, elle retrouve spontanément des facultés nourricières encourageantes pour lui.

On peut voir aussi dans la rétention du bébé et sa difficulté à faire le tri une façon de maintenir sa mère alors malade en vie.

Malade, une mère s'énerve en effet facilement et a tendance à rejeter ses enfants même si ses gestes disent le contraire. Ici, que le petit garçon

© Groupe Eyrolles

retienne tout entre en écho avec le fait que Nelly de son côté avait *tout rendu* en début de semaine. Ce faisant, il l'a inquiétée. Et, la rappelant à lui, il l'a détournée de sa mélancolie.

Multiples, les sources de culpabilité d'une mère sont souvent dues à un sentiment d'insécurité structurel. Lequel n'est que le revers de la toute-puissance maternelle. Ses responsabilités et ses inquiétudes sont lourdes, son énergie est sollicitée nuit et jour. Pas de répit, pas de repos : même durant son sommeil son cœur reste en veille, et lorsqu'elle en vient à être épuisée, elle se dévalorise sans en avoir conscience. Elle se vit comme *moins que rien* sans avoir le droit de le montrer...

Nelly, petite dernière de trois filles mais aussi d'une lignée de femmes depuis plusieurs générations, a mis longtemps à accepter l'idée de donner naissance à un garçon. Depuis la naissance de Pierre, émerveillée par sa vitalité, elle craint d'autant plus de le voir disparaître que sa mère a perdu un bébé garçon juste avant la naissance de Nelly. Pierre est à la fois son premier enfant et le premier garçon de la famille.

Ce cadeau que représentent les selles du bébé symbolise son acceptation de la vie après qu'il a donné l'impression inconsciente de la refuser... L'offrande confirme à Nelly qu'elle est *bonne*.

Une mère ne s'aime que lorsqu'elle se sent bonne. Mais l'imperfection dont elle redoute les signes chez elle alimente souvent une culpabilité, qui la plonge dans l'insécurité. Aussi, l'enfant, par ses premiers pas, ses premiers regards, ses premiers cacas, la rassure-t-il. C'est alors qu'elle met au superlatif un geste en apparence infime, car il compense sa crainte immense et sans fond de n'être jamais à la hauteur...

Ici, Nelly redoutait que son fils, comme celui de sa mère, disparaisse à cause d'elle.

Donner la vie est une responsabilité dont les hommes ignorent souvent la gravité. Ce que les femmes plus tard n'hésitent pas à leur reprocher.

« Tu ne comprends pas ce que je vis. »

Un homme rira en effet à l'idée de ce *cadeau*, s'imaginant mal en avoir fait de cette sorte à sa mère.

Comment ne pas laisser sa vie se mêler à celle de son fils ? S'il est difficile pour une jeune mère d'imaginer que ce qui est à lui ou émane de lui n'est pas à elle ou pour elle, il est néanmoins salutaire de penser dès le départ cette séparation pour l'établir progressivement.

Une mère troublée est d'abord troublante !

Nourrir ou langer un fils n'est pas nourrir ou langer une fille. Les tâches peuvent sembler identiques ; elles n'en sont pas moins très différentes. Mais qu'il soit fille ou garçon une mère soigne d'abord un bébé. Alors qu'elle lui prodigue ses soins, surgissent les fantômes liés à des non-dits familiaux ou ancestraux autour de *la mort ou du sexe*[1]. Cet *impensé familial accentue l'insécurité fondamentale*[2], d'autant qu'il traverse en silence la relation et déborde sur le quotidien sans se dévoiler.

L'angoisse de répétitions ancestrales trouble autant que la culpabilité d'avoir critiqué sa mère ou que la crainte de ne pas savoir faire au moins aussi bien qu'elle. Une jeune mère aspire presque toujours à l'idéal. Comme si elle ne pouvait exister qu'idéale. Cet idéal s'inscrit dans chacun de ses gestes comme un guide, mais il est aussi l'occasion d'inépuisables reproches. Avec lui, c'est l'éternelle impression de faire mal ou pas assez. Comment nourrir, comment laver, comment élever, comment aimer ? Quand les questions matérielles du quotidien forcent à sortir du rêve,

---

1. Décès ou adultère dans les lignées précédentes.
2. Sentiment d'insécurité caractéristique de l'être humain. Présent dès la naissance, il s'atténue plus ou moins avec le temps. Il resurgit particulièrement lors d'une naissance.

l'appel de la réalité s'accompagne parfois de trop de sévérité. Convaincue que les choses *se passent mal,* elle se durcit autant vis-à-vis d'elle que de son fils. Quand bien même les choses *ne se passeraient pas si mal que ça* mais seulement *moins bien* que le rêve ne le laisse penser...

Pour apaiser une angoisse inconsidérée, une mère cherchera à façonner son fils selon son idéal. Elle va refuser arbitrairement qu'il suce le pouce ou au contraire elle va l'y inciter. Ou bien cherchera-t-elle à le sevrer trop vite ou à prolonger le biberon au-delà du raisonnable. L'exigence d'idéal est redoutable pour le petit garçon, forcé à être charmant, alors qu'il se vit soumis et écrasé par ce but inatteignable, tandis que sa mère se sent perdue.

« Faut-il lui donner le biberon quand je lis partout que le lait maternel immunise contre toutes les maladies ? Comment donner le sein à mon garçon quand on me dit que c'est le début d'une relation incestueuse ? »

Il n'est en la matière de solution que personnelle et la meilleure est celle qui nous convient le mieux. L'inceste n'est pas dépendant de l'allaitement, mais d'émotions et de sensations qui passent lors de l'allaitement, lors du change, lors du bain... Il dépend plus des désirs inconscients que des gestes apparents. Sauf si ceux-ci sont résolument indécents ou intrusifs. Un regard peut être porteur de désir incestueux s'il appelle l'enfant à un repli sur sa mère ou à la nécessité de lui procurer du plaisir.[1]

Il est naturel qu'une mère ressente de l'inquiétude face à la vulnérabilité de son bébé. Mais le pathologique menace de faire irruption quand elle

---

1. « Il est à noter à quel point une femme serait inéluctablement rivée à un versant fondamentalement incestueux, comme si, après la naissance, elle faisait encore courir le risque de ramener dans son ventre en retenant à l'intérieur de sa sollicitude. » Alice Granger rapportant une réflexion d'Aldo Naouri dans un article sur un ouvrage de ce dernier intitulé *Le Couple et l'enfant* aux éditions Odile Jacob (http://www.e-litterature.net/publier2/spip/spip.php?article142).

communique son propre sentiment d'inquiétude infantile, exacerbé à la faveur de la naissance, à son fils. Elle lui demande alors de la téter afin de la rassurer, ce qui ne peut que renforcer l'insécurité émotionnelle du petit garçon.

Ce n'est pas parce qu'elles sont réprimées que les peurs fantasmatiques ne passent pas. Elles se transmettent et se traduisent parfois en leur contraire : l'insécurité se cache bien souvent derrière une très grande assurance ou une hyper-rigidité... Un petit garçon qui éprouve le besoin de rassurer sa mère tentera de l'apaiser en la séduisant. Il l'assouplira sans parvenir à se rassurer. Difficile pour lui d'être aussi sage qu'une image lorsque la faim ou la contrariété le tenaille !

La mère, la première grande séparatrice

3

« *Toute séparation avec sa mère était une épreuve.* »

Malraux

Toi et moi pour la vie

Dans la continuité de ce qu'il a vécu tandis qu'elle le couvait, le tout petit garçon, dans les premiers mois de sa vie, a pu croire que sa mère serait toute à lui, seulement à lui et toujours présente à l'instant où il en aurait besoin. Enveloppante et séduisante, elle l'a prié de supporter ses maladresses et lui a plus ou moins demandé de la rassurer sur ses capacités à être mère. Soudain, comme par magie, mais de façon déplaisante, la voilà qui disparaît. Alors qu'elle se voulait irréprochable, elle déserte.

Elle le laisse avec son sentiment d'infériorité et son incapacité à faire face au manque. Le froid[1] entre elle et lui se fait cuisant !

La nécessité de la séparation

Comme nous l'avons vu, il est vital que mère et fils sortent de la fusion originelle. La différenciation est un processus lent. Un jour, la mère pense y être parvenue, le lendemain, ses gestes le démentent : elle revendique sa propriété. Son fils est son fils, rien que son fils. Il doit devenir autonome, mais comme le petit garçon la comble, chaque jour contrarie ce projet.

Il lui faut inventer des solutions pour s'en détacher. Quand la mère n'y parvient pas, l'enfant a l'impression de ne pas s'appartenir. Comme possédé, il ressent ce que ressent sa mère. Faire preuve de vigilance, pour elle, revient à prendre soin du corps masculin dans son intimité, tout en inculquant au bébé que ce corps est bien à lui. C'est en se procurant du plaisir en dehors de son petit garçon, qu'une mère le laisse découvrir plaisir et déplaisir en dehors d'elle.

Rappelons ici que séparer est un dérivé étymologique de sevrer[2]. Autant dire que la séparation, à l'image du sevrage, est à la fois nécessaire et problématique. Si mère et fils en ressentent l'un et l'autre le besoin, il est rare que cela soit au même moment. « J'ai besoin de toi quand tu me manques et tu me manques quand tu ne veux pas de moi », pourrait dire le bébé laissé seul dans son berceau. C'est en effet à la mère que revient dans un premier temps la responsabilité de rendre possible la séparation.

Engager son fils à se passer d'elle, l'inviter sur la voie de l'autonomie, est un acte de respect qui procure cependant à l'enfant un sentiment de

---

1. « Il m'a battu en froid », « en ce moment c'est le froid total entre lui et sa mère »... ces expressions rendent bien compte du sentiment de froid qui se greffe dans la relation.
2. Voir *Couper le cordon, op. cit.*

cruauté. La grandeur d'une mère est relative à la vulnérabilité du petit garçon qui vit comme une injustice le fait de ne rien pouvoir contre la volonté maternelle. Ce qu'elle lui transmet lui procure un sentiment d'immensité lorsqu'il en conçoit du plaisir, mais un grand déchirement lorsqu'il se vit impuissant à se faire du bien, seul face à elle, qui le tient à distance[1]. Quelle que soit la cruauté ressentie, on peut se dire que la mère répond à un instinct de vie. Il s'agit en effet pour elle de se garder en vie – en ne gardant pas l'enfant en elle.

L'accouchement annonce la fin souhaitable d'une relation fusionnelle. Et inaugure cette séparation dont le processus vital se poursuit au-delà de l'adolescence[2].

L'instinct de vie, qui pousse à tenir l'enfant à distance, répond à la nécessité, chez une mère, de réintégrer sa propre intimité – tout en maintenant son fils en vie. Le besoin de le protéger comme une partie d'elle-même entre alors en contradiction avec celui de s'en éloigner. Elle est prise entre plaisir et déplaisir pour survivre avec son fils à la séparation. Mais si veiller sur le nourrisson le maintient en vie, la culpabilité réveillée par ses pleurs, lorsqu'il appelle sa mère, complique une fois de plus le détachement.

Pour récapituler, mieux se passera le sevrage en particulier et le détachement en général, mieux se résoudra le complexe d'Œdipe. Ce qui favorisera l'aisance du garçon à évoluer par la suite dans la société.

Moins l'amour filial et maternel sera confondu avec l'amour sexuel, et plus l'enfant sera équilibré dans ses revendications ultérieures.

---

1. Toute sensation douloureuse est alors pour l'enfant source de fortes émotions qui s'impriment dans sa mémoire inconsciente et agissent par la suite comme inhibiteurs.
2. Voir « l'impossible séparation » évoquée précédemment, ainsi que ci-après, sur le deuil.

Enfin, plus rares seront les tentations incestueuses, plus son épanouissement sera favorisé.

C'est dire toute l'importance des processus de séparation !

Se séparer, s'éloigner, s'en débarrasser

Difficile de se séparer d'un être vulnérable. Toutefois, le fils qui a comblé le manque d'une mère l'encombre aussi par moments.

Toute mère éprouve le besoin d'éloigner son bébé pour se régénérer et respirer en dehors de lui. Mais l'expression de ce besoin n'est pas agréable à recevoir. Le bébé peut avoir l'impression qu'elle cherche à s'en débarrasser ou qu'elle le rejette[1]. Il en conçoit du chagrin sans toujours oser se formaliser. S'il geint, il agace. L'image d'un garçon qui pleure insupporte une mère ou la désarçonne... Elle a d'autant plus envie de s'en éloigner qu'elle se sent incapable de bien réagir.

Vers quatre ou cinq mois, il devient un peu plus garçon... Il n'est plus le petit trésor de sa mère. Il pète, il rote, il ronfle, il râle, il gigote. Il ne mange pas aussi proprement qu'une fille. Il a de la force. Il brutalise le sein. Il n'est pas tout doux. Il s'affirme. Vers trois ans, il est ronchon ou agressif, comme son père. Parfois un peu dégoûtant. Au moindre bobo, il se plaint. C'est un garçon et pourtant il appelle toutes les cinq minutes. Autrement dit, il est pénible comme un petit garçon ! « Moins facile pour moi qu'une fille, je ne me reconnais pas dedans... » dit Céline,

---

1. Ce sentiment peut être fondé si la mère, surprise ou effrayée par l'enfant, le repousse avec énervement. Il incorpore alors les sentiments maternels en même temps que le dépit et la peur induits par un rejet brutal. Ces derniers agissent plus tard en lui à son insu. Procurant un sentiment d'illégitimité inexplicable qui se traduira par des « désordres » (sexuels, affectifs, scolaires...) eux aussi inexplicables : un enfant ne comprend pas le pourquoi d'une soudaine brutalité maternelle.

tandis que Sabine sans souffler un mot fait la fière pour ne pas révéler ce qu'elle ressent.

Comment gérer son investissement affectif ? À l'adoration succède une impression d'étrangeté. Une mère est surprise par ses propres mouvements de rejet, ceux que tout humain a spontanément devant la différence sans en avoir toujours conscience.

La séparation ne va pas sans la culpabilité liée à ce rejet et à d'autres sentiments aussi négatifs que naturels. Mais quand on a magnifié l'enfant, on préfère se les interdire pour entretenir l'image idéale à travers laquelle on s'est sentie reconnue. Des conflits intérieurs s'amorcent qui divisent la mère entre adoration et détestation, si elle n'accepte pas l'évidence et la « normalité » de ce tiraillement.

Tandis que son petit grandit, une mère apprend à distinguer sa part de celle de l'enfant : lui aussi a ses humeurs et des mouvements de rejet. Pour elle, accepter sans (trop) se sentir coupable son besoin de se séparer, c'est autoriser un besoin équivalent chez son fils. Il ne faut pas croire pour autant que celui-ci supporte que sa mère le prive ou le limite, ni qu'il prend plaisir aux sentiments de rejet qu'il perçoit.

Tentée de dissimuler sous une apparence idyllique les pulsions agressives qui contrarient son rêve, la mère inaugure un double langage inquiétant pour le petit garçon. Les réactions de celui-ci confirment alors dégoût ou rejet maternels. Se sentant fautif, il cherche à se faire mieux aimer. Ce qui a le don d'agacer sa mère et d'accentuer sa culpabilité.

Ces mouvements de rejet sont naturels. Il importe que mère et fils apprennent à l'accepter. Pour cela, ils doivent aussi apprendre à différencier les sentiments de l'un de ceux de l'autre. Et, plutôt que de dissimuler ces mouvements de rejet, ils ont tout à gagner à y voir la nécessité de distinguer aimablement – sans fausse pudeur – le masculin du féminin. La mère doit commencer à se détourner de son fils, pour le laisser se détourner d'elle, vers d'autres horizons. Ces premiers signes d'étrangeté qui se révèlent vers sept ou huit mois[1] et que d'autres viendront confirmer sont pour elle l'occasion de se désinvestir de son garçon au fur et à mesure qu'il investit son intérêt, son désir, sa curiosité dans d'autres objets (père, frère, sœur, etc.). Laisser l'enfant gérer progressivement sa virilité, sans la lui rendre dégoûtante, comme elle pourrait l'être aux yeux d'une mère, est capital. À elle de s'investir aussi dans d'autres objets (de plaisir) qui la confirmeront dans sa féminité et la rassureront dans son humanité. Vient le moment pour elle de réintégrer sa sexualité, de retourner vers son mari devenu père. Tout en ravalant le dépit et la jalousie de voir le garçon trouver en celui-ci un soutien ou un allié…

Dans la crainte de la séparation résonne celle de ne plus être aimé. Et l'effroi que procure la découverte de ces sentiments guère aimables qu'inspire aussi le garçon.

Tenir compte, dans les cinq premières années de la vie l'enfant, des signes annonciateurs de la séparation sans se laisser tourmenter, aide à mettre des distances sans se sentir (trop) coupable. Cela permet aussi de n'être pas molesté par les cris du fils qui admet mal la volonté maternelle de réintégrer sa féminité[2] et sa sexualité en la différenciant de la sienne.

> Hélène vit seule avec son fils unique, de quatre ans… « Si vous saviez comme il est beau. Comme il est gentil avec moi. Et pourtant des fois je me dis que je ne comprends pas comment il a pu sortir de moi. Avec lui, ça n'a jamais été

---

1. Cet âge donné à titre indicatif n'a pas valeur de norme. C'est autour de huit mois, mais parfois plus tôt parfois plus tard, selon les personnalités et les familles.
2. Si ce conflit qui se joue dans les premiers mois de la vie n'est pas résolu, il se rejouera plus tard entre la mère et le fils, rendant à celui-ci toujours plus complexe l'accès à sa propre sexualité. Mais soulignons une fois de plus que si on analyse ici ce qui se joue du côté de la mère pour souligner sa part de responsabilité, on ne prétend pas qu'elle est la seule responsable. Elle se sent seule, oui, bien souvent… Au père de la soutenir, elle ainsi que l'enfant. Ajoutons que ce conflit est un passage obligé que le garçon est également appelé à résoudre de son côté.

simple. Si je l'ai eu, c'est que je le voulais bien. Mais je comprends pas ses réactions. Ça m'agace quand il pleure. Des fois, soudain, il m'énerve... Je lui crie dessus. Après, quand je m'excuse, il me dit : « pas peur maman », c'est vrai que c'est attendrissant. Il m'étonne toujours ! Si vous voyiez ses photos... Je sens bien qu'il a besoin de moi. Pourtant je sors trop... Tout le temps dehors... Je n'arrive pas à rester seule avec lui. Mais dès que le téléphone sonne, j'ai peur que ce soit la baby-sitter qui m'annonce une catastrophe... Pourtant, à mon retour, s'il ne me sourit pas, il m'agace. Je m'énerve pour un rien. L'autre jour, j'étais nue dans la salle de bains, je l'ai entendu pleurer, j'ai pas pu m'empêcher de me fâcher contre lui. Je sais, c'est injuste... J'ai hurlé. Avec lui j'ai peur de devenir comme mon père avec moi... Il avait de ces colè-res... mais mon fils, il est vraiment formidable. Quand je sors le soir il est sage, ça m'aide à me préparer. C'est dur pour lui de rester sans moi. On sent qu'il veut mon bonheur. Il comprend tout... Mais à peine dehors, je culpabilise de ne pas être plus souvent avec lui et de lui crier dessus. Je vous l'ai pas dis, mais je m'énerve tout le temps quand il est là. Je ne sais pas pourquoi. C'est pour ça que je sors. J'ai tellement envie de le voir... C'est comme si je sentais qu'il y avait un danger... Vous savez, s'il transpire des pieds, je ne pourrai pas sup-porter... Vous croyez que c'est normal ? Certaines odeurs, ça me donne la nausée ! De l'essuyer, aussi, parfois. Un jour, j'ai eu honte, je me suis dit que ça puait... Vous vous rendez compte, un mot comme ça, pour un si petit ! Depuis je me force à m'y habituer... Mais en fait, je ne le reconnais pas, c'est plus mon bébé. Je crois que je lui en veux de ne pas pouvoir moi être plus sou-vent à la maison. Tranquille. Sans lui. Le pauvre, ce n'est pas vraiment sa faute, vous le verriez, il est si mignon, je suis sûre qu'il vous plairait à vous aussi...»

Hélène appréhende ce que son fils éveille en elle. Que ce soit du désir ou du dégoût. Un amour infini ou la rage de ne pas être meilleure. La peur de devenir *mauvaise* la pousse à s'en aller. C'est sa manière de rester *bonne* et de retrouver avec plaisir le bébé qui a grandi.

Ce n'est pas lui qu'elle rejette mais la différence qui la trouble et les figures masculines qu'elle projette sur lui. Un frère jalousé qui avait tous les droits, un grand-père redouté et un père qui n'a pas su la rendre aimable à ses propres yeux. En s'éloignant du petit garçon, elle lui épargne ces projections. Mais elle éprouve de l'amertume de se sentir obligée de le faire. Elle se reproche le rejet que lui inspirent les hommes, comme elle a reproché à sa mère de les avoir dénigrés. Au plaisir de l'avoir trahie en mettant un fils au monde, succède le regret de ne pas lui avoir été plus fidèle. Les sentiments sont toujours du registre de l'ambiguïté !

Le repli devant la différence est naturel. Pourquoi obliger ou s'obliger à aimer ce qui nous est désagréable ? Un enfant pas plus qu'une mère ne sera toujours aimable… La distance autorise de part et d'autre la création d'un nouveau rapport. Plutôt que de passer du tout au rien, il s'agit de passer peu à peu du *tout pour toi* au *moins pour toi*, chacun ayant ses différences susceptibles d'agacer l'autre.

Apprendre à supporter ce en quoi *son garçon* diffère de *ses* attentes aide une mère à le considérer comme un autre (qu'elle) et à développer une relation moins fusionnelle. Plus vite elle se rend à cette évidence, mieux elle respecte sa propre différence[1].

Face à cette prise de distance, le fils peut concevoir de la rage, du dépit ou du ressentiment. À la mère d'apprendre à ne pas y céder et de faire entendre qu'elle continue à l'aimer au-delà de la séparation qui en ces circonstances est un acte d'amour.

Au lieu d'avoir recours à la froideur, à elle d'intégrer que *son* fils est désormais un être *différent d'elle* et qu'il ne peut se contenter de réagir selon *sa* volonté. L'un et l'autre ont alors à se découvrir et à s'apprivoiser. Une mère comprend avec le temps que celui qu'elle a porté comme une partie d'elle-même n'est pas destiné à le rester. Le fils n'en acceptera que mieux ce que tout enfant n'apprécie guère : qu'il n'est plus le centre de l'univers maternel.

---

1. En arrêtant de se comparer sans cesse à des garçons ou à des aînés pour se convaincre qu'elle est moins…

Les mauvaises séparations

À quarante ans passés, Paul idolâtre sa mère. Il lui rend visite ou lui téléphone au moins deux fois par jour. Face aux moqueries de ses amis, il se défend : « Ma mère c'est ma matrice, je ne peux l'abandonner, elle a besoin de moi. » Laissé en nourrice, du jour au lendemain, à l'âge de *huit mois*, il était un enfant introverti qui trouvait refuge dans le sommeil.

Aujourd'hui, devenu colérique, l'alcool le calme et lui sert d'échappatoire. À jeun, il dit sa mère irréprochable, mais l'admiration éperdue qu'il lui voue est démentie par les insultes dont il la couvre sitôt qu'il a trop bu.

Pas plus qu'il n'imagine qu'elle ait pu le délaisser, il ne se souvient le lendemain de l'avoir maltraitée.

Sa mère, incapable de l'abandonner ? C'est pourtant lui qui avance ce mot. Plutôt que d'admettre qu'il a pu, bébé, se sentir délaissé, il se plaint des effets de la boisson, tout en niant avoir trop bu. Et s'il s'accuse d'être un mauvais garçon, ce n'est pas d'avoir injurié sa mère mais de ne pas lui rendre visite assez souvent.

Tel un nourrisson, aussi intouchable qu'elle, il traduit son désarroi en caprices. C'est sa seule défense. Il est resté émotionnellement fixé en cette période de la prime enfance.

À la toute-puissance maternelle de jadis, il oppose aujourd'hui la sienne quand il est sous l'emprise de l'alcool. N'ayant su manifester son mécontentement bébé, il se rattrape : quand il ne hurle pas, il reste prostré dans la bouderie la plus redoutable.

Pour sauver les apparences, Paul aspire à retrouver l'enveloppe maternante dont il ne s'est pas remis d'avoir été frustré. Ne pas en vouloir à sa mère est une façon d'espérer la retrouver dans cette relation première idyllique sans accepter qu'elle ait eu mieux à faire que de s'occuper de lui, à l'instant où elle lui était indispensable. Pour n'avoir pu épargner

69

ou réparer cette séparation, la mère se retrouve aujourd'hui flanquée d'un grand enfant.

« Abandonner » un petit garçon à certaines périodes de la vie, et plus particulièrement entre sept et onze mois, fait encourir à la mère le risque de se l'aliéner. Faute de pouvoir faire autrement, il convient de bien y préparer l'enfant en tenant compte de sa vulnérabilité et des angoisses liées à la séparation qui peuvent surgir chez certains à cet âge. Mieux vaux prévenir que guérir, et éviter un effet de traumatisme, propre à toute séparation mal vécue. Invisible, celui-ci, lorsqu'il se produit, se répercute tout au long de la vie à travers diverses dépendances déjà évoquées précédemment.

Une séparation ne se passe jamais sans douleur. Celles qui interviennent aux alentours de huit mois peuvent être pour l'enfant déchirantes. Mais leur impact dépend étroitement de la façon dont elles se déroulent. Abandon, faille narcissique, vide insoutenable, comme pour Paul, le mal est d'autant plus difficile à cerner qu'il fut indicible. En effet, à cet âge, un enfant n'a pas les mots pour s'exprimer.

Que sa mère soit légère ou responsable, qu'elle se sente ou non coupable, lorsque l'enfant vit mal une séparation, c'est ce mal qu'il aura à supporter et à surmonter pour ne se laisser ni envahir ni culpabiliser son tour venu par le besoin de séparation…

Marie est la très jeune mère d'Oscar. Partie à seize ans du domicile parental malgré la menace paternelle de la déshériter, elle rencontre Max, riche héritier, de quinze ans son aîné. À dix-huit mois, Oscar est la fierté de sa mère. Ils ont tous deux la même noblesse d'allure, la même peau dorée, le même regard malicieux. Leur bonheur saute aux yeux. Un enfant si beau, si souriant et de surcroît intelligent et doué de tous les talents est un vrai bonheur. Les amies de Marie l'envient. En extase devant les boucles blondes du petit garçon, elles se disputent le délice de le coiffer. Il est d'une patience angélique et son sourire dans la glace est un régal. Malheureusement, Marie revit auprès de son époux le même sentiment d'inexistence qu'auprès de son père. Il est tellement gentil et prévenant, qu'elle se sent transparente à ses côtés. Il ne l'appelle jamais par son prénom, refuse qu'elle travaille, lui donne tout l'argent qu'elle veut. D'elle, il n'attend qu'une chose : que sa jeunesse illumine la maison. Comme avec son père, elle n'est « qu'une fille » reléguée à des activités secondaires. À voir la joie qui éclaire son visage, on la dirait épanouie, mais Oscar n'a pas mis un terme à ses tourments. Elle se sent triste. Quand elle rencontre un homme plus jeune, c'est le coup de foudre. Elle confie en urgence Oscar à une amie photographe et s'envole vers la capitale. Oscar a beau être choyé, il réagit mal au départ de sa mère. Après avoir été porté aux nues, il se croit abandonné. Il est sage mais boude la nourriture et devient taciturne, sauf devant l'objectif. Marie reviendra six mois plus tard. Pour repartir six mois plus tard…

À son retour, elle le reconnaît à peine : il a seulement deux ans mais son sérieux la fascine. « Mon fils, un vrai petit homme maintenant ». L'attitude de Marie n'est pas exempte d'ambiguïtés. D'un côté, elle lui promet de ne plus jamais le quitter, comme s'il était resté ce bébé qu'elle n'a pas vu grandir. De l'autre, elle le traite de mauviette à la première larme et disparaît à nouveau, le laissant au père qui le prend dans son lit pour le consoler.

Privé la première fois de son père en même temps que de sa mère, le petit garçon concevra par la suite une haine et une crainte *des femmes* enfouies sous une admiration semblable à celle qu'il suscitait. À dix-huit ans, il ne peut s'empêcher de parler avec mépris de son père. Il le rend responsable du malheur maternel et critique avec cynisme les hommes qui ne savent pas retenir leur femme. Pour sa part, il en aime plusieurs à qui il promet le mariage. Il les quitte et revient vers elles pour de nouveau les abandonner. C'est en se faisant attendre ou désirer qu'il les retient à lui. Il leur fait vivre ce que son père a vécu, comme pour se venger de sa mère qu'*apparemment* il encense. Et racheter ce père qu'*apparemment* il dédaigne. C'est sa façon de faire subir aux femmes ce qu'il a subi et d'exprimer ce dont il a souffert.

Il continue à *briller* pour ne pas perdre le sentiment d'exister mais cache sa douleur derrière des moues aussi attendrissantes que sur les photos d'enfance.

À vingt-huit ans, dans ses cauchemars, il se sent femme parmi les femmes. Il dit qu'il perd le sommeil mais que c'est comme s'il ne l'avait jamais trouvé. C'est un inquiet qui se rassure en prodiguant des conseils aux amies de ses femmes comme petit il rassurait celles de sa mère. Mais il est incapable de suivre ses propres conseils.

Une séparation est néfaste dans la mesure où elle survient brutalement sans tenir compte des besoins élémentaires du bébé[1]. Oscar, qui fut d'abord *objet de plaisir,* devient *objet de rejet.* En disparaissant sans prévenir de son univers, sa mère le fait disparaître. Vivre à travers l'objectif de l'amie ne suffit pas à lui rendre un sentiment d'existence concrète. Il y consent pour entretenir le désir d'une femme qui lui renvoie un reflet flatteur[2], mais au détriment de son vécu enfantin. Plus qu'un enfant, il est le petit homme de ces dames.

Cette « mauvaise séparation » l'empêchera d'entrer en contact avec ses propres émois. Accusant sa mère de tous les maux, il s'interdira de le reconnaître parce qu'il s'est senti interdit. Attaché à elle plus que de raison, il se prive de son propre ressenti comme il le fut bébé, au profit de ce qu'il faisait ressentir aux (autres) dames. Il se sent sali.

Il est vital qu'un garçon supporte que sa mère l'éloigne en cessant de ne penser qu'à lui. De même que Paul devra accepter aujourd'hui la réalité d'hier afin de surmonter les effets de ce qui s'est imposé comme une trahison, Oscar devra arriver à se sentir bien autrement qu'en étroite communauté avec sa mère.

Ne plus nier une expérience malheureuse aide à se forger des défenses pour la dépasser.

---

1. Autrement dit sa mère ne le considère pas comme un sujet en devenir.
2. Comme on entretient une flamme.

Le plus dur, pour Oscar, c'est qu'en même temps que la disparition de sa mère, il subissait celle de son père. Une blessure narcissique profonde s'en suivit, qu'il eut tôt fait de refouler par esprit de survie. Atteint dans sa virilité en devenant l'objet du plaisir féminin, il l'est aussi par la suppression de l'homme-repère de son paysage quotidien. Alors que la présence de celui-ci est un soutien indispensable à son processus d'identification.

Qu'une mère en vienne à séparer injustement un fils de son père peut s'interpréter de plusieurs façons.

Ici, Marie ne consent pas à vivre, isolée auprès d'un homme qui la prend pour une petite fille, sans s'intéresser vraiment à elle. Son mari ne s'investit pas dans sa paternité réelle, mais la reporte sur sa femme, comme si c'était elle son enfant, au détriment du bébé. Inquiète de se retrouver avec ses fantasmes et sa culpabilité, seule à assumer son fils, elle se jette dans les bras du premier venu qui la renvoie à autre chose qu'à sa maternité. Elle s'est d'abord acquittée d'une dette imaginaire envers son père en lui donnant un fils (de remplacement), comme pour se donner le droit de vivre. Mais, en quête de plaisir et avide de vivre ailleurs sa féminité, elle disparaît ensuite de l'horizon paternel – et perd son fils – comme pour se débarrasser du garçon qu'elle n'a pas été. On voit ici la complexité de la relation. Plutôt que d'être mal-aimée par un homme, elle se préfère seule ou dans les bras d'un autre, quitte à négliger le bébé[1].

Elle en veut autant à son père qu'à son mari. Comme mandatée, enfant, de venger les femmes, elle se venge du premier sur le second et par contrecoup sur son garçon. En colère contre les hommes, ni son mari ni

---

1. Un autre cas de figure est celui d'une mère qui ayant intériorisé une haine de l'homme par héritage inconscient ou à la suite de difficultés familiales confisque à un père le fruit de sa virilité en lui interdisant de voir son fils.

son fils ne sauraient la retenir. Il est probable que la situation se rejoue avec le nouveau compagnon. Il s'avérera bientôt incapable de renvoyer d'elle une image valorisante, de voir en elle autre chose qu'une mère, de devenir père, etc.

Toute femme qui devient mère a sa part de responsabilité à assumer dans le fonctionnement de son couple. À rendre l'homme coupable de tous ses maux, elle court le risque de déresponsabiliser le père de son fils. Et de plus, en grandissant, le garçon souffre de n'avoir reçu d'elle que des images masculines dépréciatives. Il souffre aussi d'avoir à compenser ce manque de référent paternel valorisant en essayant de correspondre à l'idéal maternel.

Le triangle œdipien à partir duquel le fils prend sa place est complexe. Comment se situer et accepter la réalité confuse de ses sentiments à l'égard de sa mère et de son père, sans les avoir éclaircis ? Quitter la maison maternelle fragilise le jeune garçon. À mesure que le fils grandit, il ne verra en sa mère que cette mère sans accepter qu'il convoite aussi la femme de son père. Celle-ci, de son côté, en se refusant à l'homme, laissera croire au tout petit garçon qu'il peut devenir son amant à la place de l'homme qu'elle rejette... Surtout si elle ne remplit pas son rôle de mère face à un père qui n'investit pas le sien. Ceci, dès les premiers mois.

De même, le triangle œdipien est au cœur de la revanche qu'une fille devenue mère prend sur sa mère, rendue coupable de lui avoir barré l'accès à son père. Dans un premier temps, elle reprend à son compte la haine intériorisée des hommes dont elle a hérité. Mais dans un second temps, elle retourne cette haine contre sa mère. Accaparer le fils de son mari est alors sa façon de s'approprier ce père « qui lui a manqué ». Malheureusement, c'est pour ensuite le rejeter ou le dénigrer, si elle ne prend pas sur elle de résoudre ce fameux complexe.

Des séparations insupportables ?

Du côté du fils, toute séparation est désagréable dans un premier temps. Il n'aime pas que sa mère s'éloigne, s'il n'en ressent pas le besoin. Mais une séparation n'est mauvaise qu'à court terme sauf si, brutale ou précoce, elle le rend étranger à ce qu'il ressent[1]. Sur le long terme, il est amené à développer de quoi compenser ce qu'il n'a pas. C'est ce processus qui le rendra adulte.

De son côté, une mère mal séparée de sa propre mère a tendance à rejouer cette séparation, en l'instaurant entre son fils et tout autre personne sur qui elle projette les causes de son malheur. Elle revendique un titre de propriété sur son fils. Elle n'admet pas qu'en même temps qu'elle éprouve le besoin de prendre ses distances, il éprouve celui de se rapprocher d'autres qu'elle.

D'un point de vue fantasmatique, c'est une façon de croire que la (petite) fille qu'elle fut peut prendre la place de sa mère auprès de son père. Ne pas accepter la moindre entorse à sa toute-puissance auprès de son fils est une manière de rester enfant à la place de l'enfant.

La mère qui se sent seule est malgré elle une grande séparatrice[2]... Possessive, elle peut isoler son fils, en le retenant par sa plainte ou le détourner de ses amis, en les décriant. Son désespoir peut aussi l'amener à compromettre l'amour entre frère et sœur afin que son fils reste à elle, et à elle seulement. De fait, il n'est pas rare de voir des mères manipuler leurs enfants en manipulant leurs relations.

---

1. Une brutalité maternelle qui fait violence et intrusion dans l'univers affectif de l'enfant peut aussi avoir valeur de mauvaise séparation. Ainsi en est-il d'une mère qui rejetterait avec brutalité son petit garçon de quinze mois, la surprenant (en toute innocence) dans sa nudité, à un moment où elle ne s'y attend pas alors qu'il est tout à la joie de découvrir le vaste monde en faisant ses premiers pas.
2. La psychanalyse qui recueille la plainte de la mère lui permet de se sentir moins isolée.

Maud a deux fils et une fille. L'aîné ayant sa préférence, le cadet, Julien, se rapproche de sa sœur avec qui il entretient bientôt une relation de complicité joyeuse. Julien est en effet ravi de se sentir protecteur pour sa petite sœur. Mais Maud ne supporte pas que frère et sœur s'entendent bien. Elle ridiculise alors Julien en lui disant qu'il ferait mieux de jouer avec des copains. Et lorsque Éva s'amuse avec lui, elle attire la petite fille à elle et lui promet des cadeaux très « féminins, rien que pour toi » précise-t-elle. Un autre jour, la mère fait croire à la petite fille que Julien est fatigué de jouer avec elle. Éva se retient alors d'approcher son frère pour ne pas le déranger. Par divers stratagèmes de cette sorte, la mère s'emploie à les dégoûter l'un de l'autre.

Une mauvaise séparation[1] laisse des carences affectives que la psychanalyse est appelée à réparer. Ne pouvant parvenir à maturité, le fils se vit préoccupé par un indicible malaise que traduisent des obsessions ou des addictions qui jamais ne l'apaisent. Un sentiment d'insécurité sans cesse réactivé le rend vulnérable. Il peine à tisser des relations stables. Impuissant à se passer de sa mère, il se supporte mal en sa présence. Autrement dit, une mauvaise séparation rend affectivement dépendant.

Destinée n'est pas fatalité

Le désir d'avoir un fils a été, face à la réalité, source de remises en cause, de tiraillements et d'inquiétudes qui rejaillissent sur lui et déterminent en majorité les comportements « négatifs » ultérieurs du garçon. Selon

---

1. De celles qui font dire à la mère « je vais mal ». L'enfant pour sa part peinant à le dire le « fait sentir »... Je souligne une fois de plus l'étymologie de mauvais qui semble évidente lorsqu'on la connaît : « mal vais ». Il est important de l'entendre sans connotation moralisante, mais comme un effet symptomatique.

les réponses que la mère aura apportées à son désarroi. Selon l'insécurité qu'elle lui aura communiquée. Selon la façon dont elle aura su ou non l'apaiser... Précisons une fois de plus que la mère n'est pas l'unique responsable. Entrent en jeu également le père, le caractère propre à l'enfant, le poids du transgénérationnel. Ainsi que les fantasmes du voisinage projetés sur le fils et qui s'immiscent entre elle et lui tels des vœux bénéfiques ou maléfiques. La protection de la mère est alors vaine, car en intervenant elle re-attire son fils à elle, quand il s'agit de le laisser partir. Le mieux est qu'elle lui transmette des éléments de confiance afin qu'il puisse s'armer et se sentir armé contre l'adversité. Savoir en son for intérieur qu'il peut compter sur l'amour de sa mère l'aide à se défendre quand il est seul ou à trouver de bons alliés.

On peut supposer, *a priori*, que son propre désir a, lui aussi, présidé à sa venue au monde. Si c'est sur ce terrain chaotique qu'il a pris racine, c'est également sur ce terrain qu'il devra apprendre à vivre et se contenter de ce qu'il a, ou bien, apprendre à gagner plus pour compenser ce dont il manque. À chacun de se débrouiller et de se constituer un style de jeu et de réponses en fonction des cartes qu'il a reçues à la naissance et durant les premières années de sa vie. Celles-ci sont prédéterminantes, elles pèsent sur le destin, mais elles ne sont pas irrémédiablement déterminantes. En effet, notre avenir n'est pas tracé d'avance. Chacun peut se forger sa destinée.

Boris, le cadet de la famille a remporté à vingt ans une bourse pour créer une entreprise. À sa naissance pourtant, les avis convergeaient pour prédire qu'il serait certainement enseignant comme tous les cadets de la famille. Puisque seuls les aînés jusque-là avaient échappé à la fonction publique !

Pour sa part, Mika, un benjamin, s'est fait une fierté de pousser ses études jusqu'à l'agrégation. C'est un vrai bonheur pour lui d'enseigner. Pourtant, à sa naissance, sa mère – qui ne s'imaginait pas vivre sans lui – avait décrété qu'il serait intelligent mais si nonchalant qu'il ne réussirait pas en classe.

C'était en effet le cas de tous les petits derniers de la lignée paternelle depuis plusieurs générations. Mika a dû déployer force et courage pour s'affirmer. Sa mère aujourd'hui est la première à se féliciter de la réussite de son fils. Alors qu'elle avait imaginé l'entretenir jusqu'à la fin de ses jours !

Comme ces exemples l'illustrent, tout ce qui se dit à l'occasion d'une naissance imprime sa marque dans l'inconscient de l'enfant. En prendre conscience, c'est s'autoriser une part de création dans sa propre vie, c'est commencer à s'en donner les moyens et déjouer la fatalité.

Plutôt que de toute-puissance maternelle, j'aime mieux parler de toute-puissance enfantine qui s'exprime chez la mère – parfois à son insu, souvent à ses dépens, dans son sentiment d'infinie impuissance quand elle se sent seule, abandonnée, sans soutien et sans limite. On peut voir dans cette impuissance la reviviscence de ce qu'elle a vécu à la naissance lorsque, petit nourrisson désarmé, elle n'avait que son cri pour se faire entendre.

Cette forme de désespoir contredite par une infinie espérance, celle de donner la vie, agit dans l'ombre de façon désordonnée, anarchique et aussi despotique. Elle sème panique, trouble, inquiétude… Il est vrai qu'une mère peut étouffer l'enfant, lui donner le sentiment d'être inondé[1] ou occasionner des actes « machiavéliques »[2] quand rien ne vient lui faire obstacle. Mais en elle-même elle n'est pas machiavélique. Nombreuses sont les mères effrayées par leur puissance et leur impuissance à y mettre, seules, un frein. Elles redoutent à chaque instant de perdre la vie de leur fils ou de la lui retirer bien plus vite qu'elles ne l'ont donnée. Elles sont

---

1. Rêve de pipi au lit.
2. Elle se transforme en sorcière, ce qui peut donner lieu parfois à de vrais actes de maltraitance (enfermer son enfant dans le placard, le priver de dessert, dissimuler des objets, faire semblant d'oublier une date anniversaire, etc.).

hyper-sensibles à ses cris, à son souffle, à son regard. Elles n'en peuvent plus de ne pas pouvoir être seules un instant et pourtant elles se sentent désespérément seules. Affolées à l'idée de mal réagir, elles ont l'impression de ne plus s'appartenir. Que la vie de leur fils dépende de la leur les renvoie sans cesse à ce fardeau de l'infinie (im)puissance.

Le fils de son côté n'est pas dénué de puissance. Si elle n'y est pas étrangère, ce n'est pas sa seule mère qui lui en procure le sentiment. Ce sentiment est en quelque sorte le reflet de la puissance maternelle. Le fils sent l'amour de sa mère et devine son désespoir ; on comprend qu'il puisse être amené à imaginer la sauver pour qu'elle continue à le nourrir et à l'aimer. N'a-t-il pas à entretenir en elle une image aimable de sa future virilité, pour racheter celle de tous les hommes ? Animé par ailleurs de l'appétit de vivre, il n'est qu'énergie à la naissance… Survivre au changement de milieu sollicite des forces au-delà de l'imaginable. Et quand il arrive que sa force (de vie) réveille celle de sa mère, on comprend que la séparation lui soit redoutable. Il peut s'imaginer en effet que la vie de sa mère dépende définitivement de la sienne.

Derrière les apparences d'une mère et de son fils se révèlent parfois « deux tous petits », comme frère et sœur qui ignorent ce dont ils ont besoin mais qui ont besoin de tout pour ne manquer de rien.

Frère et sœur, garçon et fille, l'une et l'autre aussi démunis. Si, pour se consoler, la mère s'octroie le sexe du fils dont on lui a appris qu'elle manquait, il se sent menacé de le perdre. S'il se laisse faire, il a l'impression de se perdre en elle. Mais s'il récrimine, il est menacé de la perdre…

Que s'éloigne ce petit bout'chou rien que pour elle et la voilà perdue.

Entre mère et fils, une histoire d'amour se tisse dès les premiers instants de vie, renvoyant la mère à toutes les histoires d'amour qui ont précédé. Invitant le fils à ces noces parfois doucereuses parfois barbares. Mais le complexe d'Œdipe aujourd'hui ne fait plus mystère… Il n'est pas une fatalité à laquelle il faut se soumettre. Il est une équation mathématique qui indique ce qu'il faut éviter.

Complexe d'Œdipe

Le complexe d'Œdipe ne fait plus mystère aujourd'hui. Mais rappelons de façon simplifiée qu'il désigne un ensemble complexe de sentiments et de représentations inconscientes par lesquels l'enfant, dans les cinq premières années de sa vie, se situe par rapport à ses parents. Et plus particulièrement les sentiments d'amour qu'il éprouve à l'égard de son parent du sexe opposé et ceux de rivalité et jalousie pour celui de même sexe. La résolution du complexe d'Œdipe marque le passage à l'âge adulte.

L'école est l'occasion d'élargir l'horizon de l'enfant. De mettre des tiers entre lui et sa mère... De relancer la dynamique, en le poussant hors de la maison et du giron maternel, tout en l'invitant à participer à des jeux de société dans lesquels il ne sera plus au centre de l'univers (maternel). Il pourra découvrir d'autres joies.

À chacun son manque

Une mère exprime-t-elle comme certains le prétendent le désir d'avoir un pénis à travers son fils ? Désire-t-elle devenir ce qu'elle n'est pas ? A-t-elle vraiment envie d'acquérir ce qui pourtant ne lui permettra jamais d'accéder à son plaisir, puisque l'acquérir ne pourrait se concevoir sans renoncer à sa féminité ? Supposer cela reviendrait à supposer qu'elle aspire à nier ce qui la caractérise pour adopter ce qui revient à l'autre. N'aspire-t-elle pas plutôt à se compléter pour se sentir bien exister, sans que ce soit aux dépens de sa propre sexualité ?

Pourquoi ne pas remettre en cause la vision phallocentrique généralisée de la sexualité qui permet d'interpréter le désir féminin en affirmant que le fils est le pénis ou le phallus de sa mère ?

© Groupe Eyrolles

Une mère, comme tout être humain, est mue par le désir de remédier à une sensation de vide. Cette dernière se traduit par un effet de manque à combler.

Pour une femme, la naissance d'un fils, avant de compenser une absence de pénis ou de correspondre à une volonté de s'ériger tel un phallus, vient là pour combler ce manque ou réparer la perte d'une moitié. On peut y voir aussi l'expression de l'espoir de se faire reconnaître par les hommes ou de se faire aimer « comme un garçon », quand la figure masculine dans son milieu[1] a été survalorisée.

Le fils, pour sa part, ne ressent pas le même *manque*. Comme tout un chacun, il souffre de la sensation de *vide* éprouvé lors du passage du milieu utérin à l'air libre[2], mais celui-ci étant comblé dès la naissance par une autre (sa mère), il ressent très vite un effet de *trop-plein*. Son *manque* pourrait s'entendre comme un *manque de vide* qui le pousse parfois à vouloir se débarrasser d'une mère encombrante. Comme s'il manquait de place pour exister en dehors d'elle tout en ayant besoin d'elle…

En effet, l'image omniprésente d'une mère dont *il ne peut douter* peut, en revanche, *le faire douter* de sa virilité. Mis au monde par elle, il craint en la perdant de perdre son être, c'est-à-dire sa virilité.

Cette notion de manque entre en jeu dans l'épanouissement sexuel de l'enfant. Ne pas y prendre garde pourrait lui être préjudiciable. Ainsi, une mère qui renierait[3] le père en emmenant son fils – une fois son *manque* comblé par la naissance (et toute mère éprouve un instant la sensation infinie de l'être par son enfant) – prendrait le risque de transformer cet enfant en phallus. Se protégeant derrière lui, elle attendrait de lui qu'il

---

1. Familial, social.
2. Auquel s'ajoute le sentiment de manque transmis par héritage.
3. Voir l'exemple de Claude et Raphaël, dans le chapitre 1.

remplisse, bien que de façon symbolique, son manque, son vide… aussi longtemps qu'elle ne l'attendrait pas d'un autre que son fils.

De son côté, le fils peut faire croire qu'il n'a besoin de personne et rester volage ou abstinent, aussi longtemps que sa mère lui fait ressentir un besoin pressent de lui. Le meilleur moyen pour lui de ne pas ressentir de besoin personnel est d'entretenir celui de sa mère et de se faire sans cesse désirer.

DEUXIÈME PARTIE

Le deuxième âge de la vie : le plaisir à l'épreuve de la réalité

Du côté de la mère 4

Vers trois ans, l'enfant devient assez grand pour se passer de sa mère, mais celle-ci ne supporte pas toujours que son fils se passe d'elle. Il n'est plus l'objet de ses seuls fantasmes et prend une importance nouvelle. Convoité par des petites filles, par des mères aussi, on dit de lui qu'il est beau, qu'il est gentil, qu'il est bien élevé, qu'il est grand… Avec l'entrée dans le monde social, les cartes changent. La mère qui doute de son fils est réconfortée, celle qui l'idéalisait est déçue. Les deux mères cohabitent parfois dans le même corps et l'enfant subit « leurs » sautes d'humeur.

Premiers succès et premiers échecs commencent dès le jardin d'enfants, mais l'inquiétude augmente avec la programmation de l'apprentissage de la lecture qui réactive de mauvais souvenirs. Un fils (plus qu'une fille) est investi d'un devoir de réussir là où sa mère s'est vécue en difficulté. Le sport et l'école sont des occasions de porter plus haut le désir d'une mère. Elle se projette dans le succès de celui qui a la charge d'alléger son tourment et de la combler de bonheur tel le bébé qu'il était hier.

Premières amours, premiers succès, premiers échecs : l'attente d'une mère

La puissance et la virilité percent sous le charmant bambin, prêtes à le transformer en petit démon. Déjà, nourrisson, il se faisait plus brutal qu'une petite fille. Moins docile, il rejetait sans douceur une nourriture qui ne lui plaisait pas et ses cris de colère effrayaient tant ils laissaient entrevoir une force dont la mère se sentait démunie. Elle était seule à décider des horaires et de ce qui était bon pour lui. Elle pouvait sans trop de peine faire en sorte qu'il demeure aimable avec elle. Mais avec l'école, c'est l'inauguration d'un nouveau type de rapport. La mère demande au petit garçon de bien la représenter, de ne pas se noyer dans la masse, de devenir remarquable.

> « Moi, mon garçon ? Un vrai petit diable. Vous le verriez... S'il fait craquer les femmes comme les petites filles, il va leur en faire voir de toutes les couleurs. Vous savez, elles lui courent toutes après. Jamais je n'aurais imaginé. Si ça continue, il en fera souffrir plus d'une... »

Imaginer que Jules fasse souffrir les filles est pour Viviane un signe de puissance réconfortante ! Elle aime se faire valoir à travers lui, se réjouit qu'il plaise, ne déteste pas qu'il soit le chouchou de la maîtresse et lui demande aussi de s'affirmer face aux autres plus encore que de réussir en classe. Jules doit également prouver la supériorité de Viviane en retenant ses larmes. Cela le force à grandir. Et quand retentit la cloche, elle caresse « son bonhomme » de regards jaloux qui le déboussolent d'autant plus qu'elle lui intime de partir et de se conduire comme un grand. Dans le même temps, elle le retient par de nouveaux compliments.

« Moi mon fils ? Lui, il est... Comment dire ? Moi... je crois que... »

À peine Léo a-t-il tourné le dos que les larmes sont montées aux yeux de Tina. Elle ne parvient pas à trouver ses mots. Ses premiers pas de mère sans son petit garçon sont aussi mal assurés que ceux de l'enfant. Va-t-il lui aussi plaire aux filles ? La maîtresse ne va-t-elle pas l'oublier ? Pourquoi n'est-ce pas lui le chouchou ?

L'école annonce une étape irréversible dans le processus de détachement. Elle facilite le travail d'apaisement mais renforce la nostalgie des premiers instants. Elle accroît chez la mère le besoin d'aimer encore mieux ce fils qu'elle aime, sans jamais parvenir à l'aimer aussi bien qu'elle le voudrait.

Alors qu'elle avait rêvé que d'autres s'occupent de lui et la déchargent de sa tâche, elle craint de ne pas le retrouver ou de ne pas supporter qu'il s'attache à la maîtresse. Son fils, c'est son garçon, elle seule le connaît. Pourquoi en aimerait-il une autre ? Elle aurait d'ailleurs préféré un maître. Déboussolée à l'idée que tout se passe mal, mais rageuse à l'idée qu'il se sente trop bien, elle se calme en s'imaginant devenir l'amie de la maîtresse. Une mère se culpabilise d'autant plus de ne pas aimer assez son petit garçon qu'elle exige de lui qu'il l'apaise, en étant remarquable. Qu'il soit le plus insolent ou le plus séduisant, peu importe, pourvu qu'il soit le premier.

Celui-ci a su lire dès quatre ans, celui-là est une future ceinture noire de judo, cet autre est déjà un mathématicien en herbe et lui ? C'est l'écologie scientifique qui le passionne depuis le berceau ! À chacun ses performances qui prouvent qu'il est exceptionnel, avec des qualités que l'autre n'a ni ne saurait avoir. *Plus que...* Le fils est destiné à affirmer la supériorité maternelle. *Son plus que ou son plus queue...* C'est grâce à ce *plus* qu'il la distingue en se distinguant des autres et c'est ce *plus* qui lui permet souvent, devenu grand, d'obtenir de bons résultats scolaires, même si ce n'est pas au départ la priorité. Chaque trophée rapporté à la maison[1] rassure une mère sur elle-même en la rassurant sur la puissance de son fils. Il est *plus* et c'est *plus* qu'il apprend à se montrer, parfois même au prix de la désobéissance.

Bien que flatté, le petit garçon n'est pas en mesure de répondre aux demandes paradoxales de sa mère. Il a besoin de l'oublier et, noyé dans la masse, il ne songe qu'à bien évoluer parmi les autres. Comment continuer à se sentir plus (dans le regard d'une mère) quand on se sent moins (sans elle) ? C'est ce dilemme qui le préoccupe les premiers jours de la rentrée. Les exigences maternelles lui pèsent. Une fois privé de tendresse, il ne sait en faire qu'à sa tête.

Si, quand elle vient le rechercher, elle affiche un air fautif, le fils s'oblige à laisser le petit garçon insouciant – qu'il est aussi – derrière lui, pour devenir sérieux comme un « vrai petit homme ». Et plutôt que d'oser être insouciant, il se plaint comme un petit homme, même si sa journée s'est bien passée ! La fierté d'une mère cache parfois l'inquiétude de ne pas avoir su bien faire. Elle appréhende que son fils révèle ses failles. C'est sur cette inquiétude que se greffe une grande *exigence* que ne peut compenser qu'une aussi forte *indulgence*. L'une et l'autre sont aussi désarmantes pour le petit garçon.

Pour éviter que sa mère le blesse en lui reprochant de ne pas être assez (grand), il la flatte d'un œil attendrissant. Mais quand il se heurte à son visage sévère, il se fait suppliant. Par là, il agace sa mère, comme chaque fois qu'elle est renvoyée à cette impuissance insensée qu'il était tenu de réparer.

---

1. Scolaires, sportifs ou amoureux. Mais parfois aussi moins glorieux : punitions, colles, bêtises, dont la mère lui tient si peu grief qu'elle éveille la jalousie d'une sœur…

S'instaure ainsi une relation étrange. La mère attend de son fils qu'il la rende fière, en la valorisant par son exemple auprès des autres. Mais qu'il trouve du plaisir ou du réconfort auprès d'une autre mère la déboussole. Il lui faudra accepter ses contradictions et ouvrir une perspective d'avenir à son fils pour supporter les difficultés du petit garçon sans les assimiler à des échecs personnels.

Apprendre à ne pas handicaper l'enfant de ses propres sentiments aide à l'accompagner vers sa destinée sans plus la mêler à la sienne.

L'entrée en maternelle d'Adrien est un grand moment de fierté mais aussi d'angoisse pour sa maman Alexandra. Quand elle était petite fille, sa grand-mère s'est opposée à son entrée en maternelle et a prétexté qu'elle était trop fragile pour la garder auprès d'elle. Alexandra a toujours regretté de ne pas connaître l'école maternelle comme ses petites cousines. L'entrée à la maternelle de son fils ravive de mauvais souvenirs. Elle projette ses émotions et son mal-être sur Adrien. Elle qui rêvait d'aller en maternelle pense qu'il n'aime pas l'école quand elle découvre une larme sur le visage du petit garçon. Elle se sent déçue. Elle croit qu'il a un immense chagrin. Elle le console avec empressement, comme elle aurait aimé être consolée d'avoir été privée d'école. Alors que Adrien, ravi de découvrir ses nouveaux copains, est juste un peu anxieux de se séparer de sa mère.

Comprendre *ce que nous fait revivre un enfant* nous évite de croire que *c'est lui qui le vit.* Il se sent alors autorisé à découvrir le monde, sans que l'amour maternel ne soit plus une charge dont il aspire à se débarrasser. Tandis que, par ailleurs, il doit le mériter.

Ne pas confondre ses rêves et ceux de son fils évite de se sentir déçue par lui. L'énergie qui lui est alors communiquée l'engage sur la voie *de sa propre* réussite.

Les petites amies qu'un garçon collectionne à la maternelle ne sont en rien garantes de sa réussite conjugale ultérieure !

À se vanter du tableau de chasse du tout petit, une mère devance ses désirs et l'exhorte à conquérir pour sa propre satisfaction narcissique ce dont il n'a pas envie. Ce faisant, elle mêle son plaisir à celui de l'enfant qui, pour se soustraire aux reproches, se soumet au bon plaisir maternel au détriment du sien.

Un rêve qui s'effondre ? Ou une réalité qui se dessine ?

Avec l'entrée à l'école, le désir d'éternité est contrarié : le petit garçon n'est décidément plus un bébé. Dans le meilleur des cas, la réalité se substitue agréablement à l'idéal et le fils peut prendre corps. Il commence à trouver place dans la société. Si la mère accepte une relation moins fusionnelle, son fils est de moins en moins l'objet de ses projections phantasmatiques. À chacun sa génération : à lui l'enfance et l'apprentissage, à elle la responsabilité et la reconnaissance de l'autre. L'invitation à bien se séparer ? Une attitude dont la mère sort toujours récompensée.

Elle a bien sûr idéalisé l'entrée à l'école... Elle l'a peut-être redoutée aussi mais s'est gardée de le dire. Qu'elle ait ou non de mauvais souvenirs, elle ne peut être neutre et son désir de toute façon influence l'enfant.

« Mon fils, cette beauté, cette merveille, ce génie. »

Comment ne pas instrumentaliser son garçon ? Comment ne pas s'octroyer ses succès ni le condamner à l'échec de crainte que ceux-ci ne nous soient dérobés ? Le rêve peut être aussi fou que porteur, et réciproquement. On connaît cette histoire de mère juive à qui l'on demande des nouvelles de ses enfants : « Oh ! Moi, ça va ! Ils me donnent bien des soucis, mais ça va... Le docteur entre cette année en grande section de maternelle. L'avocat n'a plus besoin de couche la nuit. Et le prix Nobel, lui ? Il ne peut pas encore se passer de mon sein... » Ce n'est pas en ces termes précis qu'elle est racontée mais le fond y est... C'est avec « ce bagage » que le fils aura à grandir et à se débrouiller. Sa mère entre à l'école en même temps que lui, comme plus tard elle passera son bac avec lui. Le désir contribue à la réussite, pour peu qu'il reste mesuré. Lorsqu'il devient impérieux, il rend insatiable. Si la mère n'impose pas de limites à son espoir, l'enfant devenu adulte ne sera jamais satisfait. N'ayant pu apprécier le bienfait de ses succès subtilisés *par l'insatiabilité maternelle*, il la fait sienne. La voracité de sa mère l'empêche de savourer ce qu'il gagne en dehors d'elle. C'est-à-dire ses propres victoires. Pas plus qu'elle, il ne peut s'en contenter et il risque de s'épuiser en concurrences incessantes, illégitimes et désordonnées[1].

Si son comportement ne contrarie pas l'idéal maternel, elle le laisse aller vers les copains et la maîtresse. Mais l'idéal du garçon en train de grandir correspond de moins en moins à celui de sa mère... Il craint de s'en désolidariser. Comment s'échapper pour exister en chair et en os sans trop la bousculer ni se laisser blesser par contrecoup ? Une mère n'apprécie guère que son fils ne soit pas conforme à ses souhaits. Une vie ne suffit pas pour s'y habituer !

Dans le pire des cas, l'école est une aubaine pour la mère qui se voit débarrassée de son fils. Peu importe s'il se sent abandonné ou s'il déprime, elle lui reproche de ne pas être un homme : il l'exaspère et elle le lui fait savoir.

C'est en facilitant son entrée dans le monde, en cessant de le menacer de sa toute-puissance, que la mère renonce à la fusion et écarte les dangers de l'inceste. Si cet apprentissage est *trop cruel*, l'enfant n'en sort *pas grandi* mais *meurtri* et peut rester toute sa vie en quête de « douce maternité »,

---

1. Par exemple, ce qu'il est convenu d'appeler les conduites à risques. Ou encore, concours de celui qui prendra le plus de boisson alcoolisée, le plus de cigarettes, ou de celui qui passera le plus de nuits blanches à la suite.

et plus particulièrement quand un événement lui rappelle la cruauté maternelle. Cherchant refuge auprès d'autres femmes ou d'autres paradis (perdus) artificiels, il réinventera la mère idéale qu'il n'a jamais eue mais qu'il rêve de (re)trouver.

C'est ainsi qu'une mère peut s'avérer profondément rejetante pour la viabilité de son enfant[1]. Sous une apparence de sollicitude totale, ne pouvant ni l'imaginer vivre sans elle ni s'imaginer vivre sans lui, elle s'emploie à contrarier la volonté du garçon sitôt qu'il lui échappe. Elle continue à l'envelopper, mais de sa haine, et c'est en l'inhibant par ses mauvais traitements qu'elle le récupère.

On le voit ici, une fois de plus, l'inconscient complique les choses. Des sentiments, que l'on ne soupçonne pas, s'expriment des profondeurs et contredisent ceux dont la mère aurait aimé être animée. Ses gestes aimables sont alors démentis par les vibrations négatives qu'elle transmet. Effrayé à l'idée de ne jamais retrouver le paradis perdu des premiers jours, qui lui a laissé entendre que pour lui tout serait permis, le fils n'ose ni ne sait pas révéler ce qu'il sent...

---

1. Voir à ce sujet l'article de Alice Granger-Guitard à propos du livre d'Aldo Naouri *Le Couple et l'enfant*, Odile Jacob, 1995. En ligne sur : http://www.e-litterature.net/publier2/spip/spip.php?article142

Chapitre

5

Du côté du fils

Les désarrois du fils

> « *Nous épargnons à nos enfants de grandes souffrances si nous n'oublions pas que leur sensibilité est plus aiguë que la nôtre et leur attention plus éveillée.* »
>
> André Maurois

Pas facile de se désolidariser d'une mère ! Les difficultés propres à l'enfant ne sont pas celles imaginées généralement. Grâce à l'école, bien sûr, il apprend à lire, écrire et compter. Mais ce qui s'y joue est bien plus fondamental. Le principal apprentissage dispensé par l'école est celui de la vie en société, avec toutes ses complications et ses contrariétés. À cela s'ajoutent d'autres difficultés : alors qu'il a besoin de retrouver sa maman après la classe telle qu'il l'a quittée, il découvre en elle une seconde maîtresse, encore plus exigeante que la première. Elle va même, parfois, jusqu'à redoubler les punitions !

L'accès à la vie sociale que symbolise l'école est l'occasion pour la mère de tensions et de reviviscence personnelles qui perturbent le petit garçon. Pour conserver la douceur de son amour déjà menacée lors des premières séparations, il s'emploie à correspondre à ses rêves de grandeur. Et se débat d'une part avec la violence maternelle[1] qui transparaît derrière cette douceur et d'autre part avec sa propre violence. Cette violence se déclenche soit au contact de sa mère, quand elle le rejette, soit à celui de ses premiers camarades de classe. Toutefois, le petit garçon aime à retrouver de la douceur avec ses copains – même s'ils se bagarrent avec eux – pour décompenser la tension due aux sollicitations maternelles.

S'il sent que la fierté de sa mère est saine, il s'appuie sur elle. Mais s'il saisit intuitivement qu'elle cherche à se valoriser à travers lui, sans tenir compte de sa fragilité, il en sera troublé. Quand la demande maternelle excède ses forces, il s'évertue à s'y conformer avec le sentiment pénible de n'être jamais à la hauteur. C'est alors qu'il aspire à lui plaire pour retrouver le « droit de vivre » et de se sentir bien parmi les autres.

> « C'est pas juste ! C'est vraiment trop injuste ! »
>
> Tous les jours, David pleure avant d'aller à l'école. « Vilaine maman, vilaine… C'est pas juste, je veux pas y aller ! Non ! Non ! » répète-t-il sur un ton déchirant jusqu'à ce que sa mère se fâche. Avant de franchir le seuil de la maison, essuyant une larme, il lui demande : « Pardon, maman, je ne l'ai pas fait exprès. » C'est un rituel. Sa mère le regarde, agacée : « Je n'en peux plus de toi, ça ne peut plus continuer comme ça, tu es vraiment insupportable ! » Au moment de le quitter, elle le serre dans ses bras. Ce n'est pas grave, dit-elle en s'éloignant, coupable de s'être fâchée mais soulagée d'être enfin seule. En

---

1. Violence suscitée par la peur de « ne pas y arriver », celle de ne pas réussir à donner la vie. Tout au long de son existence, la mère est animée par l'angoisse de lâcher son enfant, et celle qu'il meurt si elle le lâche. Cette appréhension, à l'origine de tant d'exigences démesurées, a pour effet d'agir comme une menace sur l'enfant qui se sent en danger en présence de sa mère, quand elle pensait le protéger.

ce moment, elle a besoin de le savoir ailleurs. Cette scène se répète chaque matin depuis plusieurs semaines. Après l'école, David cherche l'assentiment de sa mère qui lui demande s'il est redevenu plus gentil. Il ne sait que répondre, cela ne dépend pas de lui. À défaut de pouvoir s'exprimer avec des mots, il s'empresse de la servir ou de lui faire de jolis dessins. Il aime quand sa maman le remercie.

David ne se vit ni gentil ni méchant… Il est heureux quand il voit sa maman heureuse, mais triste quand il se lit méchant dans ses yeux. Il a oublié que, ce matin, il l'a traitée de vilaine. Il n'aime pas sentir qu'elle l'aime moins. Elle ne s'aime pas quand, à son tour, elle prend conscience qu'elle l'aime moins : cela ne dure jamais longtemps, mais se devine facilement.

Quand il est contrarié – et un rien suffit – il a du mal à retenir une colère : « C'est trop injuste ! » crie-t-il, jetant son cartable par terre. Sa colère alors est un peu celle qu'il évite à sa mère…

« Qu'est-ce qu'il me manque ? » pourrait dire ce petit garçon chez qui pointe la culpabilité sitôt qu'il se sent mal aimé.

Il a tout fait pour être gentil, il s'est contenu toute la journée, il ne comprend pas que sa mère lui interdise de pleurer ou de jouer une heure de plus.

Alors qu'il était nourrisson, il était déjà très sensible. Un geste moins tendre ou une humeur maussade avait pour lui valeur d'agression personnelle. Aussi impuissant à le faire comprendre par ses cris qu'à s'y soustraire, il se mettait facilement en colère. Le cumul des contrariétés[1] s'est inscrit dans sa mémoire. C'est sa façon d'y réagir, des années plus tard, quand à son tour il rejette sa mère ou lui reproche de ne pas l'aimer.

Ne comprenant jamais ce qu'il a fait de mal, il se sent infiniment malheureux par exemple quand il doit descendre tout seul à la cave chercher un pot de

---

1. Chirac : « J'ai plein de petites cicatrices qui sont le témoignage de mon enfance. (…) J'ai toujours été un enfant mobile et bougeant. (…) Ma mère me disait toujours de me calmer, mais sans succès. »
Propos rapportés dans un article de Christophe Deloire : « Le dernier tabou des politiques », *Le Point*, 11 août 2005.

cornichons en conserve sous prétexte que depuis qu'il va à l'école il est un grand garçon. Si c'est ça être grand, il en a marre d'être grand !

Cette rentrée scolaire est pour lui l'occasion de revivre les premiers rejets dont il fut l'objet. Il est d'autant plus désespéré qu'il a l'impression de devoir accélérer le temps. Devenu petit garçon, obligé d'accepter de quitter sa mère, il craint d'être « vraiment » jeté. On lui dit qu'il est grand. Pourtant, il se sent tout petit lorsqu'il s'agit de se débrouiller pour accomplir un ordre qui dépasse son entendement.

Ainsi un petit garçon qui s'applique à être parfait pour conquérir le cœur maternel conçoit dépit ou colère s'il n'y parvient pas.

Un autre pourra sombrer dans une dépression invisible[1], s'il sent que sa mère fatiguée le rejette vraiment et compte sur l'école pour s'occuper de lui à sa place. Autrement dit, s'il a l'impression qu'elle se débarrasse de lui. Et c'est alors qu'il contestera l'école[2].

Quand une mère se sent coupable de ne plus supporter son fils, les réactions de celui-ci *dénoncent* un dysfonctionnement. *Travaillé* par *le rejet et l'abandon*, il ne sait dire ce qui le *travaille*. Aux adultes de déchiffrer son comportement pour le rassurer et l'aider à partir confiant et non plus inquiet de ne pas retrouver sa maman[3] à son retour. Aux adultes aussi de l'inviter à comprendre qu'il a tout à gagner à survivre aux rejets maternels, ce qu'il fait en partant à l'école. Il devra apprendre à s'accepter avec et malgré ses douleurs et ses contrariétés, et à accepter sa mère avec ses

---

1. Qui se traduit par une difficulté à s'adapter à l'école ou des symptômes physiques qui le maintiendront dans la dépendance pour que des adultes « le supportent » là où sa mère ne peut plus le porter.
2. Une petite fille dans ce genre de circonstances pourra redoubler d'efforts et devenir une excellente élève dans l'espoir de se faire accepter.
3. Pour un petit garçon, retrouver sa mère fatiguée, sévère, déprimée, c'est comme ne pas la retrouver. La mère étant synonyme de réconfort, il a besoin qu'elle reste la même et peut s'énerver faute de la reconquérir...

rancœurs, sans chercher davantage *à la satisfaire à tout prix*. Apprendre à compter peut d'ailleurs l'aider à mesurer le temps et, partant, ses progrès.

Toute mère est par essence imparfaite. Ce qui ne l'empêche pas de se reprocher constamment cette imperfection. C'est à partir d'elle que le fils pourtant se constitue, en s'affirmant dans la différence. Les réactions énervées (et désarmantes) de sa mère à son endroit lui confirment sa propre imperfection, qu'il n'a de cesse de combattre pour apaiser sa mère et la rendre (à nouveau) aimable.

Étrange position que celle du fils ! Tantôt il ne se *sent pas assez aimable* et s'efforce de se rendre plus désirable. Tantôt, il se vit comme le *sauveur* qui a droit à toutes les faveurs. N'ayant pas demandé à être au centre de l'univers maternel, il en pâtit autant qu'il en jouit. Si être l'objet du plaisir est flatteur, se sentir la cause du malheur maternel est déroutant.

Bien qu'il soit physiquement plus costaud qu'une fille, le petit garçon n'est pas plus fort moralement. C'est pourtant ce que sa mère attend de lui. Il connaît les mêmes peurs qu'une fille mais il ressent d'autant plus cruellement sa vulnérabilité qu'elle lui est interdite. Est-ce une façon de se rattraper que de séduire les filles ?

À mère coupable fils rassurant ? Oui, mais l'enfant rassurant pour sa mère ne parvient pas à l'être pour lui-même. L'insécurité d'un petit garçon l'empêche de participer aux activités des enfants de son âge. Il a du mal à fixer son attention. La concentration nécessite qu'il se sente accepté, sans avoir à se soucier d'être ou de ne pas être aimé.

Don Juan en herbe

Le petit garçon qui s'est senti maltraité cherche à retrouver la place du bébé et à reconquérir le cœur de sa mère pour se repositionner au centre de son univers. Comment compenser le manque ? Comment sublimer (c'est-à-dire dépasser) l'impossibilité de trouver satisfaction ? Comment réparer les blessures occasionnées par les gestes de rejet ? Quand il lui faut quitter l'enfance, il lui faut aussi rentrer son sexe, ne pas le montrer. Séduire n'est-il alors qu'un moyen de garder quelque chose qui dépasse sans en encombrer sa mère, tout en se montrant charmant ? Alors qu'il doute de lui, ce pouvoir le conforte.

Une femme possessive avec son mari se révèle bien souvent encore plus exclusive envers son fils sans que celui-ci en souffre dans un premier temps. Sa mère est d'abord sa mère, il ne la juge pas. Cependant, il ne peut pas ne pas lui en vouloir. C'est ainsi que tantôt il croit l'aimer et vouloir la posséder, tantôt il lui en veut et cherche à la détester. La possessivité maternelle induit une possessivité semblable chez le jeune garçon qui peine à son tour à se passer d'elle. Il la voudrait pour lui, rien que pour lui.

La séduction est une arme dont il use à loisir pour se sortir de situations difficiles quand il se sent tiraillé entre l'espoir que sa mère le laisse tranquille et l'impossibilité de se passer d'elle.

> « J'y arrive pas, j'y arrive pas, j'y arrive pas, mais je ne sais pas à quoi[1]...
> Alors autant me faire aimer... si ça me rend aimable ! » pourrait dire Jules bien qu'il n'en ait pas les mots, en s'apercevant qu'il plaît d'autant plus à sa mère qu'il plaît à d'autres filles : la maîtresse, les copines, les mamans des copines, les sœurs des copines et *tutti quanti*...

---

1. Il est important de ne pas se moquer du petit garçon qui déploie son énergie sans savoir dire où il veut en venir. Il faut l'encourager, car il a l'intuition des mobiles de son action, même s'il lui manque les mots pour le dire. L'exhorter à s'expliquer lui vole de l'énergie au détriment de la réalisation de ce projet complexe qu'est la vie et renforce son doute.

Le plaisir de découvrir son impact sur le sexe féminin est d'autant plus vif qu'il charme une mère. Rien n'émeut plus en effet cette dernière que de savoir son fils apprécié. Don Juan en herbe, il est sa plus-value personnelle. Elle est la première à l'encourager.

En retrouvant chez la petite fille qu'il cherche à séduire quelque chose de sa mère, c'est un peu celle-ci que le fils reconquiert à travers la première. La réalité l'incite en effet à sublimer un désir qu'il ne peut satisfaire. Et le plaisir découvert en compagnie de la fillette prend alors valeur de compensation.

Un rien suffit toutefois à ébranler dans les premières années la confiance de celui qui bébé fut très sollicité[1] et nombreuses sont les occasions qui induiront chez lui un sentiment d'abandon. C'est en attisant l'attention féminine qu'il tentera plus tard de l'éviter.

Souvent pudique avec ses sentiments, par nature ou nécessité, politesse ou obligation, l'enfant a tendance à (se) les dissimuler jusqu'à la fin de sa vie sous des clowneries, des maladresses ou de la dureté. Ou jusqu'à ce que la psychanalyse aidant, ou on ne sait quel revers, il se voit forcé à se remettre en question et à l'avouer modestement[2].

On retrouve ce désir de plaire pour compenser le creux que stigmatise l'absence maternelle ou sublimer le désir dans la conquête du pouvoir politique ou médiatique[3]. C'est d'ailleurs quand les hommes politiques

---

1. Les mères qui sollicitent le plus leur enfant sont les plus exigeantes et leurs soins s'accompagnent parfois d'une sévérité qui fait que l'enfant ne se sent jamais *bien aimé*.
2. « François Léotard, auteur désengagé ». *In Le Figaro* 06/02/07 à l'occasion de la sortie de son roman *Le Silence*.
3. La conquête du pouvoir politique est une sorte de donjuanisme : monter toujours plus haut pour plaire toujours plus. Voir *Big mother, psychopathologie de la vie politique*, Michel Schneider, Odile Jacob, 2002, selon qui les hommes politiques transforment le pouvoir en identité maternelle.

perdent – lorsqu'ils se sentent *déchus* – que l'introspection sur le divan, pour mieux saisir leurs mécanismes[1] les... séduit.

Derrière l'homme qui se dévoue aux grandes causes, on entrevoit la hâte du bambin à reconquérir l'attention de maman.

Derrière le fils que l'on dit aimé et qui se dit aimé, derrière celui qui affirme avoir eu une mère attentionnée, se cache souvent l'enfant abandonné. Se sentant délaissé, un insatiable besoin de séduire le pousse à vérifier en même temps que son image sa capacité à se rendre aimable[2]. Il contredit l'impression que sa mère ne l'aime pas, en se persuadant qu'elle l'aime plus que tout. Et se lance, dès le plus jeune âge, dans une course effrénée pour réparer ce qui ne va pas en lui[3]. Multiplier les conquêtes est une tentative de correspondre à l'exigence déposée en lui par sa mère.

Ainsi le fils qui se sent délaissé sans l'être vraiment développe-t-il une stratégie de séduction victorieuse pour entretenir la flamme amoureuse maternelle et ses substituts. L'investissement libidinal[4] nourri de l'investissement maternel lui apporte de réels succès.

---

1. François Léotard : « J'ai mis longtemps à comprendre que je n'aimais pas le pouvoir, et qu'un homme qui cherche du pouvoir est toujours suspect. Il faudrait psychanalyser les politiques. Pourquoi va-t-on se faire applaudir à la tribune quand on n'est pas capable de se faire aimer par une femme ou par un enfant ? » Sur http://birenbaum.blog.20minutes.fr
2. Voir cas de Oscar dans la 1re partie, chapitre 3.
3. Dans ce genre de situations, se retrouve la plupart du temps le deuil non accompli d'un enfant, d'un frère ou d'une sœur. Ou des non-dits liés à la mort qui font figure de fantôme. Chargé de faire oublier un défunt, le petit garçon peut se sentir abandonné s'il parvient à consoler sa mère. Une fois consolée, quand elle n'a plus besoin de lui, il a l'impression qu'elle le laisse tomber ! Citons ici Jacques Chirac, dont le tempérament de coureur de jupons n'est pas un mystère et dont la mère attentionnée et exigeante avait perdu dix ans avant la naissance de Jacques une petite Jacqueline. Elle disait de son fils « qu'il ne tenait jamais en place ». L'exigence de sa mère doublée du sentiment d'abandon le condamnait à l'excellence.
4. Relatif au désir et au plaisir sexuels.

Mais un véritable abandon étouffe le désir de conquête. Le sentiment d'avoir été déchu et la quête d'amour éperdue qui s'en suivent se soldent bien souvent par une infinie nostalgie. C'est à travers la rage, la colère, le dépit, que l'abandonné tente de capter l'attention. Mais ces conduites destructrices, loin d'attirer l'attendrissement ou la sympathie, ne compensent pas les méfaits de l'abandon. Seule une réparation réelle viendrait à bout des tourments de l'enfant abandonné.

6

Le fils préféré ?

À l'origine de la préférence

« Or comme je l'ai déjà exprimé, quand on a été le favori incontesté de sa mère, on en garde pour la vie ce sentiment conquérant, cette assurance du succès, dont il n'est pas rare qu'elle entraîne effectivement après soi le succès.[1] »

Freud

Si un garçon naît du désir de ses deux parents et d'une rencontre, même fugitive, de leurs deux inconscients, c'est la mère qui porte la responsabilité de le couver en son sein[2]. Lent et long processus de transformation,

---

1. S. Freud, *L'Inquiétante étrangeté et autres essais*, *op. cit.* Un souvenir d'enfance de « Poésie et vérité ». Si cette phrase lui est venue en pensant à Goethe, on ne peut s'empêcher d'imaginer qu'elle s'applique d'abord à lui. Ainsi en est-il de la relation qui lie une mère à son fils et plus particulièrement le fils aîné.
2. Même si les pères sont de plus en plus présents dès les premiers jours de la vie.

plus *éprouvante* qu'il n'est permis de le dire, la grossesse la rend moins présente aux affaires ordinaires. Et au fil des souvenirs qui remontent, toutes sortes d'émotions replongent la mère dans l'enfance. Son corps *est occupé en* permanence par la vie qui se développe. La mère souffre alors de « l'indifférence » de son mari qui, faute d'en avoir fait l'expérience, ne soupçonne pas ce qui se trame en elle. Ce sentiment de solitude maternel conditionne l'enfant à venir. Il est celui qui devra la comprendre et la consoler mieux que le père n'a su le faire. Sa naissance est à la fois une délivrance et l'occasion pour sa mère d'une revanche. Hôte suprême dont elle n'ignore aucun besoin, il exige d'elle, une fois qu'il a vu le jour, un confort égal à celui dont il bénéficiait dans son ventre. Elle met son ingéniosité au service de son intuition pour y parvenir à la perfection et instaure un rapport privilégié qui donne au fils l'impression que sa mère, qui le connaît dans les méandres de son intimité, l'aime par-dessus tout.

Le sentiment de porter seule la responsabilité d'une vie participe à celui de toute-puissance dont on lui fait grief ensuite. Elle est pourtant la première à en souffrir. Seule avec son pouvoir de vie et de mort sur son bébé. Seule à connaître la peur. Seule avec ce fils pour l'apaiser… Pourquoi ne serait-elle pas seule à bénéficier de sa présence ? Contrariée que le père n'ait pas connu ces craintes liées à la venue de l'enfant, elle est tentée de le *priver* de son fils comme elle le fut de sa présence.

C'est toujours par rapport à un autre que l'on préfère… Et c'est souvent pour conquérir l'amour de cet autre qui nous fait défaut. On préfère notre premier fils pour compenser le sentiment que notre homme ne nous aime pas assez. On préfère le cadet pour inviter l'aîné à nous aimer encore plus. On favorise le petit dernier pour contraindre les plus grands à toujours mieux nous aimer…

Aussi est-ce dans le processus même de la conception que la mère marque le fils de son empreinte en termes de préférence.

La préférence, une façon d'entretenir le désir

Le fils préféré[1] est celui dont la mère met en avant les qualités, que ce soit pour charmer le père ou pour s'avantager. C'est à travers lui qu'elle se sent le mieux exister. Il est celui vers qui les regards se tournent, celui que l'on envie, celui qui lui permet de briller. C'est en lui qu'elle met son espoir. Il a tous les droits et le privilège de n'avoir aucun devoir. Est-ce un avantage ? Oui, s'imaginent ceux qui se sentent relégués à l'arrière-plan. Oui, peut affirmer aussi celui qui veut rester le point de mire maternel. C'est pourtant une attention de tous les instants que de conserver ce statut. Par ailleurs, ce statut n'est pas qu'une bénédiction, il isole l'enfant.

Dans le meilleur des cas, chaque enfant sait être le préféré dans un domaine ou un autre. Devenu grand, s'il s'est senti suffisamment bien aimé, peu lui importera de le rester. Mais dans d'autres cas, la jalousie entre frères et sœurs, ainsi que celle entre les parents et les enfants, alimente les jeux de pouvoir par lesquels une mère s'aliène ses enfants[2] en attisant les rivalités. Faire de son fils le bénéficiaire de certaines faveurs est une façon de le retenir quand il lui échappe, de crainte qu'avec lui ne se dérobe le désir que sa naissance a ravivé. Par la flatterie ou la plainte, faisant miroiter la préférence, la mère maintient le fils dans un état de fragilité affective qui accentue sa dépendance. Craignant d'être responsable de la maladie ou de la mort de sa mère s'il en outrepasse la volonté, le fils s'accorde à ses motivations inconscientes.

Aîné, cadet ou benjamin, le fils préféré est l'élu de sa mère, son envoyé, son missionnaire. La responsabilité lui échoit de la faire briller en société et de la rendre désirable.

---

1. Composé du préfixe : pré = devant et du latin *fero, fers* = porter, la préférence indique le fait d'être porté en avant.
2. Voir *La Reine Margot* de Patrice Chéreau.

Mais alors, pour lui, comment oser ne plus correspondre à ses désirs ? N'est-ce pas risquer de la « tromper » ou de la trahir ?

Investi des espoirs maternels, il se sent supérieur. La convoitise qu'il suscite le berce. Il admet mal le partage et a tendance à effacer le frère ou la sœur qui le menace dans ses prérogatives. Gouverné par sa mère et la peur qu'elle ne disparaisse, il sera tenté plus tard de vérifier la vitalité de son organe aussi souvent qu'il s'effraie de la perdre.

De son côté, la mère qui découvre son pouvoir se transforme en fillette sitôt qu'elle sent que son fils lui échappe… Malheureuse, elle tape du pied, elle pleure et trépigne pour le récupérer. Et dès qu'il reparaît, c'est sa jeunesse qui se ravive ! C'est pour elle un régal, il la courtise. Seulement, prête à le happer, elle se fait prier.

> « Mon frère… Ma mère elle lui passe tout, c'est son Dieu… Elle faisait deux machines par jour pour lui… Il était traité comme un roi. Moi, aussi loin que je me souvienne, j'ai toujours dû laver mon linge… Et si je ne le faisais pas, elle me courait après dans la maison pour me le reprocher. Lui, aujourd'hui encore, il a tous les droits, il est toujours le premier servi. J'ai jamais compris : quoi qu'il fasse, c'est bien… Il a trois heures de retard ? Elle ne dit rien. Moi ? Pour trois minutes, elle me tombe dessus. »

Quand il s'agit de défendre leur fils, certaines mères ne doutent de rien et la jalousie d'une sœur ou la rancœur d'un père sont un écho de cet amour inconditionnel et fébrile. Mais ce régime d'exception, s'il est source de confiance en soi, est à double tranchant pour l'enfant porté aux nues.

> Pour jouir de ses privilèges, Hector ne quitte pratiquement plus la maison. À douze ans, devenu obèse, il ne veut plus aller à l'école. À chaque vexation qu'il subit à l'extérieur, sa mère lui mijote un petit plat pour réparer cette injustice…

Élie, lui, s'emploie à prouver qu'il est meilleur que Simon pour garder les faveurs de leur mère. Non seulement cela le rend agressif envers son cadet de trois ans mais, à quatorze ans, malgré un parcours scolaire sans faute, il critique toutes les filles et n'a aucun ami. La reine de son cœur s'appelle Marguerite. C'est sa mère. Il est paralysé par la crainte d'être supplanté dans le cœur de celle-ci. Il redoute que Simon la lui prenne, comme il s'imagine l'avoir prise à son père... La préférence lui donne des ailes. Dans ses rêves, il a toujours quatre ans et surpasse son père pour voler au secours de sa mère. De même qu'il défend Marguerite contre le « méchant mari », il dénigre Simon avec humour. Autrement dit, il tient toute la place et remplit l'espace de peur qu'un autre ne l'occupe à sa place. Rester le centre de l'univers maternel est sa principale activité : son cœur n'est jamais en paix.

Pour Robin, c'est la même partition interprétée différemment. À n'en pas douter, il aime sa mère comme elle l'aime : plus que tout. Enfant unique jusqu'à huit ans, à la naissance de sa petite sœur, il se met à faire les quatre cents coups à l'école. Tant pis s'il se fait gronder par la maîtresse du moment que sa mère lui pardonne et lui promet qu'il restera son préféré. Le visage amusé de celle-ci le réjouit quand il lui raconte avec malice les farces qu'il fait en douce à sa petite sœur.

À chacun sa place

Les fils ont souvent conscience de jouir de privilèges sous le toit familial et rares sont ceux qui s'imaginent avoir un jour à y renoncer. Quand on a été l'élu, que l'on s'est surpassé pour le rester, il est inconcevable d'avoir à céder ne serait-ce qu'une parcelle de ses avantages. La préférence est une croyance qui excite l'appât du gain. Pour Hector, comme nous venons de le voir, la protéger est un travail à temps plein qui le rend malade.

Toute mère tire plaisir ou satisfaction de ses enfants. Le fils a souvent l'impression que c'est de lui qu'elle en attend le plus, et cette impression est fréquemment fondée. Être le sauveur de sa mère engage le désir, donne le goût de réussir et flatte l'amour-propre. Mais qu'elle soit dépressive ou possessive, angoissée ou envahissante, et cette attache résonnera comme une condamnation. Une mère insatiable exige toujours plus et laisse le doute planer sur la préférence qu'elle promet.

Prendre la place du père

Le fils élu n'a pas d'abord demandé à l'être. C'est le plus souvent de crainte de ne plus être aimé que très vite il répond aux injonctions maternelles. Comment échapper à une mère sublime qui nous sublime ?

Appelé à remplir une mission vis-à-vis de laquelle son père manifeste une certaine défection[1], le fils n'arrive pas à s'identifier à ce père sans courir le risque de se sentir aussi défectueux, auprès de sa mère comme auprès d'autres femmes. Comment s'y résoudre ? Être défaillant à son tour signifierait devoir céder la place ou perdre sa mère.

Si tout fils doit renoncer un jour ou l'autre à prendre la place du père, il est plus difficile de renoncer à la préférence quand un père réellement défaillant n'a pas servi d'appui. Enchaîné par les sollicitations maternelles qui le mettent en concurrence avec ce père manquant qu'il répare, le garçon ne peut rien, sinon prendre la place laissée vacante.

Au privilège d'être élevé à la fonction paternelle[2] correspond la honte de trahir l'homme ou l'impossibilité de se faire reconnaître par lui. Faire oublier la présence du père dans le cœur d'une mère ne va pas sans culpabilité… Se profile en effet le risque de sacrifier plus tard sa virilité au profit de la maternité et au détriment d'une future paternité.

---

1. *Les Mères juives n'existent pas*, *op. cit.*, p. 224.
2. Dès le plus jeune âge si le père le laisse faire.

LE FILS PRÉFÉRÉ ?

> « Comment devenir père si j'ai pris la place du mien ? Autrement dit si je n'ai pas eu moi-même de père et si je risque de me faire piquer la place à mon tour par mon fils ? Comment devenir père sans me sentir à mon tour condamné à être délogé par celui qui sera à son tour le préféré ? » Telles sont quelques-unes des questions qui se posent depuis l'inconscient masculin.

Être le porte-parole de sa mère, l'enfant missionné pour lui faire plaisir, la faire rayonner à l'extérieur et affirmer sa féminité, n'est pas de tout repos. Lié à elle par les préoccupations qu'elle transmet d'inconscient à inconscient, le fils se sent chargé dès le plus jeune âge de lui donner ou de lui rendre la vie[1]. Elle lui pardonne tout aussi longtemps qu'elle le sent dévoué à sa cause, s'il parvient à faire en sorte qu'elle ne soit pas oubliée.

Rester l'élu de sa mère met en péril la virilité du garçon. Il va devoir apprendre à se séparer d'elle. Mais renoncer à rester l'élu pour endosser sa virilité hors du champ maternel c'est courir le risque d'être déchu. Certains fils comme Élie préfèrent abandonner tout désir d'amitié plutôt que l'obsession d'être le préféré.

> Ainsi Françoise joue-t-elle de la susceptibilité de ses fils, Arthur, Arnaud et Alex... Quand Arnaud vient la voir, elle ne lui parle que des succès scolaires d'Alex. Et quand Arthur l'appelle pour la fête des mères, elle décrit le cadeau qu'elle a reçu d'Arnaud. Devant ses jumelles, elle se montre bienveillante à l'égard d'Arthur qui vient de se décommander. Suzon et Manon en conçoivent du dépit... Arthur est toujours pardonné. Brillant élève, il est parti de la maison à dix-sept ans pour poursuivre ses études dans un internat. Il a aujourd'hui trente ans. Ses revenus sont conséquents et sa réussite professionnelle fait la fierté de sa mère. Sa vie privée est chaotique ? Il n'y est pour rien.

---

1. De la faire vivre : nombreux sont les fils qui aident financièrement leur mère.

Marié depuis peu à Mélanie, quand son épouse s'impatiente de l'entendre vanter les charmes maternels, il court se détendre dans les bras d'une maîtresse. Arnaud trouve injuste que l'aîné soit toujours excusé. Mais il redouble de zèle auprès de sa mère en ridiculisant Mélanie, avec la complicité des jumelles irritées par la pièce rapportée. Tandis qu'Alex, dix ans, ravi de découvrir l'imperfection de son aîné, excite la jalousie en se laissant chouchouter par Mélanie qui cajole en lui son rêve de maternité.

À vouloir rester le préféré, certains y perdent leur liberté, mais l'amour d'une mère est avant tout porteur, aussi longtemps qu'il répond à son désir premier de donner la vie. Transmis au petit garçon, ce désir lui communique le sentiment et le goût d'exister. C'est alors qu'il ne doute plus d'être aimé.

Si le régime de préférence exige une attention constante pour s'assurer de sa perpétuation, il exhorte aussi à conquérir l'amour et à défendre sa place. Quand la mère tempère les jalousies des uns et des autres, une complicité tacite finit par s'installer entre les enfants. Chacun est alors persuadé en son cœur d'avoir la meilleure place. Partant, il devient possible de construire sa vie selon son tempérament, sans que les actions des uns et des autres ne soient uniquement déterminées par le désir d'être le plus aimé.

Que son garçon ne puisse se passer d'elle pour exister apaise une mère. Qu'il ne doute pas d'être son préféré la comble. Surtout si en grandissant il ne lui tient pas rigueur de ses infidélités avec son mari ou ses autres enfants, qui font alors figure d'autant d'amants !

Il y a le premier fils, celui qui invente la mère et la complète. Qui vient compenser son sentiment d'infériorité et à travers qui elle prend sa revanche sur le sexe masculin. Le second la rassure mais la découvre plus apaisée. Investi du désir féminin de s'émanciper de la tutelle masculine, la mère en tire une secrète fierté. Elle compte sur le troisième fils pour rester mère à l'infini et la réconforter dans son sentiment d'éternité. L'empreinte indélébile de leur mère inaugurant leur pouvoir de séduction, chaque garçon reste soumis ou fidèle à sa façon tant sa dépendance le rappelle chaque jour à celle à qui il doit la vie ainsi que le premier plaisir.

Le propre d'une mère est de faire croire à chacun qu'il est le seul, l'unique en son cœur, et qu'il restera son préféré.

Le propre du fils, qui aspire à devenir un homme, est de parvenir à ne pas rester dépendant du seul désir maternel. Entretenir l'illusion de perfection ou chercher à coller à l'idée de préférence renforce les attaches au passé au détriment de l'avenir.

Faut-il pour autant s'interdire tout privilège ? Non. Chaque fils peut entretenir ce sentiment unique d'étroite communion qui le lie dès l'origine à sa mère et qui le porte, en se réalisant hors d'elle tout en poursuivant la quête de l'idéal premier. Plaire à sa mère, cesser de chercher à l'avoir pour soi tout seul, en aimer une autre sans être inhibé par la crainte de la trahir, oser son plaisir indépendamment de la maternité, n'interdit pas de respecter cette mère. Certains défis aident à se projeter dans l'avenir pour y investir sa virilité.

Tout fils appelé à compenser les défaillances paternelles[1] devra plus tard laisser tomber le (triste) privilège d'être un « bon père » pour sa mère, s'il veut endosser celui (plus joyeux) de devenir père auprès d'une autre, pour ses enfants. En goûtant au plaisir d'assumer pleinement sa pater-

---

1. Soulignons encore une fois qu'il ne s'agit pas d'un père en particulier, mais de ce qui se dit comme une défaillance pour la mère qui a l'impression de porter seule ses enfants ou qui a eu celle que sa mère portait seule les siens. À cette impression s'ajoute le désir d'avoir un meilleur père « que celui de sa mère » ou que le sien... Tâche à laquelle un homme ne peut qu'échouer, faute de correspondre à ce rêve ou à ce fantasme.

nité, il ne sera pas tenté de livrer ses enfants à sa (propre) mère. Il participera ce faisant au bonheur d'une épouse[1], sans attendre d'elle qu'elle remplisse son rôle de fils – *à sa place* – auprès de sa mère. Par exemple, en lui donnant des nouvelles ou en pensant à elle au moment des fêtes de fin d'années ou des anniversaires. Ce faisant, il ne laissera pas non plus son fils remplir le rôle du mari – *à sa place* – auprès de son épouse.

Ne plus chercher à surpasser son père aux yeux de sa mère, directement ou par procuration, ouvre la voie à des plaisirs moins enfantins qui donnent à savourer une réalité tout aussi appréciable.

Tandis que la petite fille à qui sa mère ne demande pas d'être un surhomme pourrait évoluer tranquillement, c'est elle qui s'escrime à l'excellence scolaire pour gagner la même attention que son frère. En vain, car ce n'est pas là que « ça se passe » ! Elle ne sera jamais l'égale de celui dont l'étrange différence *trouble* et *excite* la mère. À tel point que lorsque ses parents se séparent, le fils ne doute pas un instant de pouvoir être pour elle mieux que le père en lui donnant tout ce que celui-ci n'a su lui donner. Prêt à la rendre heureuse en s'installant à ses côtés.

Protéger un garçon de supposés dangers en lui octroyant un régime de faveur l'empêche de se forger des défenses et entrave son accès à la virilité.

Se laisser protéger, en jouant à l'apprenti sorcier, pour tester son pouvoir de séduction, garantit au garçon la préférence mais sa peur de la perdre le prive de la liberté de gagner (sa vie).

Ainsi quand la préférence agit comme un leurre que fait miroiter une mère pour ne pas perdre son fils, c'est elle-même – petite enfant qui s'est sentie mal aimée – qu'elle cherche à réparer à travers le petit garçon, qu'elle ne parvient pas à aimer comme elle le voudrait.

---

1. Il ne s'agit pas d'un nouveau sacerdoce.

Respecter les générations

Ce qui est nocif avec la préférence est qu'elle repose sur un mensonge au détriment d'un tiers.

Avec elle se joue le désir insatiable d'occuper la première place. Mais si la mère est la première femme dans le cœur du garçon – la première qu'il ait connue – il ne sera jamais son premier homme. Deux pères l'ont précédé : le sien et celui de sa mère. Il ne peut se substituer à eux, sinon de façon fantasmatique ou au prix de l'inceste. Le fils (préféré) devra apprendre à ne plus se soumettre à l'illusion qu'entretient sa mère flattée par son empressement à lui plaire.

Les régimes de faveur rendent malheureux ceux qui n'en jouissent pas, sans rendre l'élu aussi heureux qu'on le croit. En effet, ce dernier se voit privé de ses responsabilités. Il joue au petit homme. Son sentiment de supériorité le place au-dessus des autres et l'aveugle sur lui-même.

La préférence est relative. Les douceurs alliées à culture du sentiment de supériorité qui en découle le sont également. Car une certaine violence des sentiments est nécessaire pour conserver cette préférence.

Mais il est rare que le préféré ne s'en sorte pas mieux que le mal-aimé car mieux porté et mieux armé.

À l'opposé du préféré... le mal-aimé

Il est d'autres façons d'être désigné par sa mère... Messager de sa mère, le fils s'appuie sur la loi de la préférence maternelle pour la représenter. Mais que se passe-t-il lorsque l'enfant est l'élu de sa mère en négatif ?

Éloi est le second de trois garçons. Filiforme, le cheveu gras, il parle avec maladresse et sa mère le reprend sitôt qu'il ouvre la bouche. Il comprend qu'il n'a qu'à se taire. Mais s'il se tait, elle lui reproche de ne rien dire. À huit ans, il est déjà voûté. À table, il n'a pas le droit de se servir seul et l'aîné qui le sert s'amuse à le léser. Tom, le benjamin, qui a un an de moins que lui, a le droit de manger avec ses doigts et quand il pique dans l'assiette d'Éloi, tout le monde rit. Éloi observe ses frères avec jalousie, ce qui a le don d'irriter sa mère. À la piscine, l'aîné a droit à des cours de natation. Le petit dernier est toujours dans les bras de sa mère et lorsqu'il se jette du plongeoir, Éloi doit veiller à ce qu'il ne se fasse pas mal. Mais quand Éloi veut sauter à son tour, la mère a toujours une raison pour le lui interdire. Soit il est trop grand, soit il est trop tard. Soit elle est fatiguée, soit il doit aller chercher le peignoir du petit qui grelotte... Et quand il veut rejoindre son aîné qui a fini ses cours, celui-ci l'écarte à l'instar de ce que faisait sa mère.

Héros en négatif, devenu homme, il conservera le même rôle auprès de sa femme.

Celle-ci obtiendra tout ce qu'elle veut de lui. En plus des cadeaux et de l'argent à volonté, il accomplira les tâches ménagères et s'occupera des enfants, comme jadis de son jeune frère. Désireux d'être aimé, il ne saura rien lui refuser. Pour lui, aucune prière féminine ne sera jamais abusive. Voulant éveiller l'amour de sa compagne, il s'attirera toujours plus les griefs de celle-ci. Elle l'humiliera comme il fut humilié par sa mère. Quoi qu'il fasse, ce sera toujours insuffisant. Elle le ridiculisera auprès de leurs amis, comme sa mère l'avait ridiculisé auprès de ses frères. Et tout en exploitant sa gentillesse, elle lui reprochera sa servilité. Elle fera ensuite semblant de s'apitoyer sur son sort, pour mieux l'attendrir. Il a pour seule défense sa capacité à se faire maltraiter : c'est aussi son seul moyen de ne pas se faire oublier. Inconsciemment, il préfère se faire ridiculiser plutôt que d'être ignoré. Comme s'il lui fallait prouver qu'il avait été malmené dans l'enfance, il rejoue ce qui s'est joué alors. Sa femme l'utilise et le rejette comme sa mère, c'est sa façon à lui de ne pas renier cette dernière et de ne pas désespérer la conquérir...

Les histoires de ce genre sont relativement fréquentes, il serait injuste de le négliger. Laisser entendre qu'il n'y a que des fils plutôt bien aimés léserait les autres une fois de plus en donnant à penser qu'ils n'existent pas.

Chaque enfant a en lui un trait de caractère dans lequel sa mère se retrouve et qui parfois la renvoie à ce qu'elle apprécie le moins en elle. Mais il en est qui représentent tout ce qu'une mère déteste en elle ou un souvenir dont la résurgence s'impose tel un supplice.

Ici, Éloi subit un traitement dégradant parce que, peu après sa naissance, son père a découvert que sa mère avait eu une liaison avec le maire du village. Il en a déduit qu'Éloi n'était pas son fils mais celui du maire. Sa femme a eu beau tenter de le convaincre du contraire, il a rejeté le bébé à la naissance. La mère, fautive aux yeux du mari, a reporté sa culpabilité sur Éloi. Elle se projette sur lui en négatif tout en lui reprochant secrètement d'avoir dû interrompre sa liaison avec le maire. L'histoire ne s'arrête pas là. Alors qu'elle a juré à son mari de ne plus jamais le tromper, elle reprend sa liaison adultère, dans la plus grande discrétion, et tombe enceinte. Pour son mari persuadé du retour à la fidélité de sa femme, Tom symbolise le bébé des retrouvailles. Tandis qu'Éloi reste celui qui, en le ridiculisant, l'a fait douter de sa virilité.

Tom est bien le fils du maire, seulement c'est Éloi qui en pâtit. Bouc-émissaire sur qui la mère décharge sa culpabilité, il en est là aussi le porte-parole quand même ce ne serait que de ses méfaits.

Ni Éloi ni Tom ne se sentent légitimes ou bien à leur place. Éloi représente la faute, tandis que son frère, fruit du plaisir plus encore que de l'adultère, se vit comme un imposteur heureux. Le mensonge à son endroit sauve la mère.

Ce n'est pas tant l'adultère qui est mis en cause que la négation d'une vérité dont l'enfant fait l'objet. Éloi est celui qui protège sa mère. Tom celui à qui profitent les mensonges et l'infidélité maternels. Quand on connaît l'importance de la parole d'une mère, on comprend qu'Éloi, prisonnier du mensonge, ne parvienne pas à s'exprimer. Fruit d'une faute qu'il n'a pas commise, rendu coupable de ce crime dont il est innocent, il est missionné pour couvrir sa mère.

Coupable dès la naissance et persécuté pour des raisons qui ne lui appartiennent pas, il fait les frais d'une faute qui n'est pas de son fait.

Un travail psychanalytique eût permis à la mère d'assumer ses actes sans plus les faire peser sur son fils ni porter atteinte à sa virilité à travers celle de son mari. Si le sort de Tom est plus heureux que celui d'Éloi, le traitement de faveur « injuste » auquel il est tenu de se soumettre pour mériter l'amour d'une mère perturbée n'est pas sans conséquence sur son développement. Exister au détriment d'un tiers n'est pas sans revers. Remettre de l'ordre dans la filiation serait bénéfique à chacun des garçons.

Au mal-aimé de sublimer ce désamour dans la politique, l'humanitaire ou la création artistique. Il y gagne, à travers succès et honneurs, la reconnaissance et accessoirement les faveurs maternelles dont, enfant, il a cruellement manqué.

Le cap de l'adolescence

7

« *Pour parler le langage des spécialistes, je dirai que le sevrage affectif, l'éveil de la puberté, le désir d'indépendance, le sentiment d'infériorité sont les signes caractéristiques de cette période.* »

François Truffaut

Le plaisir qu'une mère prend à regarder son jeune adolescent donne à l'enfant une sensation de débordement. À la fois ému et encombré, tout petit, et dans l'obligation de ne pas se dérober, ce plaisir trop fort pour lui le flatte autant qu'il le perd : il ne sait qu'en faire.

Chez sa mère pointe la nostalgie du paradis perdu et le désir de garder son fils à elle. Elle le rêve, elle le sublime. Fière de ses succès à l'extérieur, elle tente, on l'a vu, de se les approprier. C'est la période pour le fils des contradictions et des tiraillements impossibles...

Avec l'adolescence, il devient partie prenante de la relation. Sa responsabilité augmente. Il perd son innocence. Il prend conscience que ses mimiques et son comportement troublent sa mère. Il découvre son pouvoir de séduction. Sa capacité à agir sur la relation lui procure un sentiment de confiance et de supériorité qui compense l'infériorité ressentie au contact du monde extérieur... Une sorte d'ivresse s'en mêle. Sa mère pouvait jusque-là agir sur lui, se fâcher, le gronder. Il peut maintenant lui échapper. Elle le sait et il le comprend. Le fils prend plaisir à influencer ses sentiments. Il en joue comme d'un instrument de musique dont on découvre les possibilités, pour vérifier sa virilité, la mesurer à celle de son père. Pourquoi ne pas séduire la même femme que lui ? La tentation est grande. Pourquoi ne pas rester l'unique occupant du cœur maternel et y supplanter le père ? Exercer ses talents de séducteur sur une même femme est un délice en perspective. La jouissance qu'il en tire est d'autant plus subtile qu'il pressent que sa mère devient fragile devant lui.

L'éveil du désir

Toute émotion ou sensation forte en ravive d'autres, éprouvées précédemment. Le présent nous renvoie au passé.

Entre treize et dix-huit ans, se rejoue ce qui s'est joué et a été refoulé dans la petite enfance. Le corps est en émoi. Sous l'emprise de pulsions qui le transforment, il vibre entre plaisir et étonnement, effroi et jouissance, attraction et rejet, pulsion et retrait.

Quand le désir sexuel s'éveille chez le garçon, la mère ne peut y rester indifférente et son corps est également traversé de sensations étranges et dérangeantes.

Si elle s'en effraie, elle effraie en retour son fils, déjà troublé par ce qui se passe en lui *à son corps défendant*. En ces instants d'incertitude qui réactivent une inquiétude fondamentale, il a besoin de lire dans le regard maternel, en même temps que l'amour qu'il espère inconditionnel, l'interdiction de laisser le désir (sexuel) se développer et s'installer entre eux. La force d'une mère rassure alors l'enfant. Il peut s'adonner, en dehors d'elle, à la découverte de sa sexualité.

« En fait, je croyais que c'était moi qui prenais ma mère avec mon regard. J'en avais honte, je me sentais fautif, j'avais l'impression de la déranger et qu'elle cherchait à s'échapper où à me fuir... pourtant j'avais envie de la regarder, elle me fascinait. C'est vrai que ce qui se passait alors dans mon corps était bizarre. Mais au début, je ne comprenais pas pourquoi j'aurais dû en avoir peur. C'est étrange, quand elle me regardait, ça me mettait dans la lumière et ça ne me déplaisait pas. Je me rends compte maintenant que... comment dire ? que ma mère, elle m'éblouissait. En fait, ce qui me gênait, c'était de la sentir gênée. Et quand elle a détourné brutalement le dos ce jour-là, c'est comme si elle m'avait poussé dans l'ombre. Maintenant je me rends compte que c'est elle qui avait peur, peur de moi ou peur pour moi. Comment savoir ? Moi, j'ai eu peur, mais peur de sa peur.

Peur, oui, quand elle m'a claqué la porte au nez. Le bruit de la porte, ça m'a surpris, mais c'est surtout son visage effrayé qui m'a effrayé. C'est pas moi qui la prenais avec mon regard, j'avais envie de voir, oui, mais c'est d'abord elle qui m'éclairait avec le sien. Et puis elle m'a rejeté dans le noir. »

Cyril, qui a aujourd'hui vingt-six ans, s'est senti rejeté – et fautif de l'être – jusqu'à ce qu'il comprenne que sa faute n'en était pas une : il n'avait que trois ans lorsqu'il avait poussé la porte laissée entr'ouverte par ses parents. La honte qu'il avait ressentie alors, et qui resurgit à l'évocation de ce souvenir, était d'abord celle transmise par sa mère. Elle s'est aggravée ensuite par un sentiment d'incompréhension. Au moment où il parle, deux souvenirs s'entremêlent dans son esprit. Celui de la découverte de la nudité de sa mère, au moment même où elle lui avait claqué la porte au nez en hurlant. L'autre souvenir remonte à une période plus récente… Il ne sait pas s'il renvoie à un événement précis ou à une succession de moments qui, ajoutés les uns aux autres, le confirment dans ce sentiment d'être en trop. De déborder ou d'être débordant pour sa mère et de sentir son propre corps submergé de sensations nouvelles qui le dérangeaient d'abord parce qu'il sentait sa mère mal à l'aise. C'est à partir de là qu'il *reconnaît* la honte chaque fois que des sensations semblables parcourent son corps.

En face de son fils qui découvre la sexualité, ce sont ses propres sensations que la mère cherche à fuir. À elle de lui laisser entendre qu'il n'y a là rien que de très naturel tout en marquant cependant l'interdit.

Au fils de comprendre en quoi consiste « ce mal » dont il a à s'écarter. Sa relation ultérieure à la féminité dépend de la complaisance ou de la bienveillante fermeté que lui aura manifestée sa mère à cet âge-clé. Elle découle également de l'action du père, selon qu'il s'efface et laisse faire ou non…

Une mère hyper-possessive peinera à soutenir son fils dans sa prise d'indépendance. À elle d'éviter de se complaire dans le plaisir qu'elle retire alors de lui[1].

La naissance d'un sentiment particulier

Le jeune garçon est très tôt surpris par ce qui se passe dans son corps. Déjà vers quatre ans, il a rêvé d'épouser sa mère, c'était un moyen de se donner l'illusion de grandir sans pour autant la quitter… C'était aussi une façon de répondre à son désir de la posséder à la place de son père. On a beau rêver devenir un homme, les efforts pour y parvenir sont

---

1. Ne se sentant pas autorisé à jouir, le fils fera dépendre son plaisir de celui qu'il voudrait apporter aux femmes. Il vivra leur insatisfaction comme un affront qui le renvoie à la sienne. « Elle est frigide ».

coûteux et l'idée d'avoir à renoncer à celle qui nous a donné vie et sait si bien nous réconforter est un vrai crève-cœur.

L'interdit de réaliser son désir fait l'objet des premiers refoulements. Mais à l'adolescence, le désir amoureux redevient criant et le garçon est à nouveau tiraillé entre l'appel de l'extérieur et la tentation de l'intérieur. Sa vie prend alors une intensité dramatique ignorée jusque-là.

Ils ont tous les trois entre quatorze et dix-huit ans. Quelques mois plus tôt, on aurait dit des petits garçons ; et soudain ils ont pris entre quinze et vingt centimètres. Leur voix a mué. Ils reculent devant les bisous maternels et pourtant rêvent de se faire câliner…

Luc découvre ce que c'est que d'être un homme quand il sent qu'il émeut sa mère. Lucie fond de bonheur quand il fait preuve de prévenance à son égard et ne peut s'empêcher de penser : « Enfin un garçon qui m'aime et que j'aime… Je pourrai en faire ce que je veux… » Renouant avec son enfance, elle aimerait prolonger ce moment délicieux pour l'éternité. Luc n'a pas besoin de mots pour l'entendre, il devine ce que pense sa mère…

Samuel depuis peu se tient droit. Il arrive confiant, n'a plus besoin de se murer dans le silence. Il découvre le pouvoir de la parole : « Ma mère je lui ai dit qu'il fallait qu'elle aille s'amuser. Qu'elle danse, qu'elle se fasse plaisir… Elle est trop belle, y'a pas de raison qu'elle s'ennuie. Il faut qu'elle se fasse du bien. » Les frémissements de sa mère ne lui échappent pas, il la sait heureuse chaque fois qu'il s'occupe d'elle.

Celle d'Adrien rosit quand elle prononce le prénom de son fils. Hier, il était encore un petit garçon qu'elle grondait, aujourd'hui il la regarde si tendrement qu'elle ne comprend pas ce que ça produit en elle. « Vous croyez que c'est normal ? L'autre jour, au moment où j'allais sortir avec mon mari, il a piqué une fleur dans mes cheveux. J'avoue, c'était ravissant. Je suis sortie avec. Je me sentais si bien. On voyait qu'il était fier. De moi, de lui. Depuis, il passe son temps à me coiffer, à me donner des conseils… Toujours de bons conseils. »

Les traits de Pascale se sont lissés depuis quelques temps. Son apparence est plus soignée, sans doute aussi « plus féminine ». Le plaisir supplante l'exigeante sévérité qui l'animait quelques mois plus tôt.

Un renversement de pouvoir

L'adolescence est un cap difficile, plus long, plus ardu qu'on ne le voudrait et surtout très complexe, tant d'un point de vue affectif que sexuel.

Une mère n'aime pas que son fils la contrarie. Cela la blesse ou la fâche. Mais tant qu'elle se sent physiquement plus forte que lui, elle sait qu'elle peut avoir recours à l'autorité pour se faire obéir.

Michelle R., médecin gynécologue, se pose des questions au moment où son fils entre dans l'adolescence...

« Mon aîné, l'autre jour, quand je suis entrée dans la salle de bains, pour la première fois j'ai vu l'homme en lui. Je ne sais pas s'il m'a vue rougir. Mais mon sang n'a fait qu'un tour. C'est là que je me suis rendue compte que je ne pourrais plus jamais le gifler ! J'avoue, c'est vrai, j'étais troublée. Il m'a toujours bluffée, mais là ! »

Pourtant aguerrie aux problèmes affectifs et sexuels de ses patientes à qui elle remonte le moral, elle est bouleversée comme une petite fille à l'idée que son pouvoir sur son fils s'évanouisse. Le voir devenir un homme lui donne l'impression d'être reléguée du côté des antiquités.

« Et puis le lendemain, il m'a reproché mes disputes au téléphone avec ma mère... En me disant que je n'en avais plus l'âge ! En fait, il a raison. »

Désormais impuissante face à lui, elle est prête à lui obéir de peur de le déranger, prête aussi à ne jamais lui donner tort pour éviter qu'il ne la repousse. L'idée de cette gifle qu'elle ne pourra plus jamais lui administrer dit cette perte de pouvoir qui soudain l'accable.

© Groupe Eyrolles

La plupart des mères se sont vécues, jusqu'à l'adolescence de leur fils, suffisamment confiantes pour le dominer. Mais comment bien réagir devant ce corps d'enfant qui se transforme ? Les émois d'une femme face à la métamorphose de son fils sont monnaie courante. L'enfant que l'on connaît intimement devient un homme dont on préférerait ignorer l'intimité. Des distances s'imposent et si la mère ne veut pas les marquer, le fils s'en charge.

Charles, n'ayant pas apprécié que sa mère entre dans la salle de bains sans frapper, a bien vu qu'elle se sentait toute petite devant lui. Le regard maternel a suffi à lui faire comprendre qu'il était devenu un homme.

Alors que depuis quelques temps les manifestations récentes de son corps l'embarrassent et qu'il craint qu'elles ne l'éloignent à jamais de l'enfance et de sa mère, il découvre qu'il y gagne une force d'intimidation. Il entrevoit le plaisir de l'exercer. N'est-il pas flatteur de jeter le trouble chez une femme quand bien même elle est d'abord sa mère ?

La plupart des mères restent muettes sur l'évolution de leur relation avec leur adolescent. Surprises par ce qui se passe en elles et par la métamorphose du petit garçon, elles constatent qu'elles n'y peuvent rien. Tandis que leur pouvoir décroît en même temps que s'affirme celui de leur fils, elles s'appliquent une fois de plus à ne pas le perdre...

Comme nous l'avons évoqué, une mère peut éprouver de la honte face aux sentiments mitigés que lui inspire son garçon au fur et à mesure qu'il grandit... Si elle censure cette honte et la gêne qui en est le corollaire, elle accentue son malaise. Elle peut par compensation se réfugier dans une adoration *apparemment* inconditionnelle et idéaliser son fils d'autant plus fort qu'elle l'aura rejeté.

Accepter que certains sentiments soient naturels aide à ne pas céder à la tentation phallocentrique de mettre son fils au centre de la maison, comme il est au centre de ses préoccupations... Mettre son fils au centre du monde est une façon d'imposer sa problématique *invisible* au centre de la famille. C'est aussi une façon de s'effacer derrière lui en niant cette problématique, au risque d'écraser les filles de la maison[1]. Perpétuer une vision phallocentrique incite la petite fille à combler le manque (d'intérêt qu'elle suscite) par un pénis (imaginaire) ou à devenir « phallus » pour racheter son enfance (effacée) en même tant que la féminité de sa mère. Certaines adoptent délibérément toutes sortes d'attitudes téméraires ou provocantes, pour se mettre en valeur, ou déclarent la guerre aux hommes.

À la femme de résoudre cette équation contradictoire qui implique de se démarquer de ce qui dérange pour mieux le retrouver, avant de devenir mère.

Garçon et fille, question de manque

L'attitude d'une mère diffère selon les sensations qui la parcourent. Ce qu'éveille en elle un garçon diffère de ce qu'éveille une fille. Mère et fille sont naturellement plus tendres entre elles. La première perçoit la seconde comme étant plus douce, plus gentille et plus attendrissante.

De son côté, plus alerte, plus robuste, plus bruyant, plus agité, plus « carré », le petit garçon est aussi plus dérangeant... Là où la mère a l'impression de se retrouver avec bonheur dans sa fille, le garçon la heurte. Avant même qu'il ne se prononce, il arrive qu'elle se sente brutalisée. La virilité la décontenance, sans qu'elle sache bien où elle se situe. Le sexe bien sûr ! Mais encore ? Cette étrangeté de l'autre la renvoie à un manque essentiel qui se fait entendre parfois avec cruauté et active son agressivité. Elle a tendance à réagir face à son fils en se demandant si « elle a bien fait », ou si « elle l'a bien fait », si « elle n'a pas fauté »... « Quelle erreur ai-je faite qui me met mal à l'aise devant lui ? »

---

1. Et de les inviter à prendre plus tard leur revanche en tant que mère.

Cette anxiété atteint son paroxysme à l'adolescence. C'est la confusion des sentiments. Frustration et culpabilité parasitent une relation que mère et fils voudraient *idéale*, quand bien même l'un et l'autre comprennent qu'elle est *impossible*. Le fils souffre de ne pas sentir sa mère à l'aise. Ses sentiments sont contradictoires. Il a envie de rester près d'elle, de la garder à lui, de *la voir* ou de *l'avoir*. Mais il voudrait également fuir son malaise. La mère souffre de ne plus rien pouvoir pour lui autant que de ne pouvoir s'en passer.

Aussi, quand il se révèle plus grand, plus fort physiquement, plus mystérieux, est-elle renvoyée à son impuissance. De même, elle se laisse émouvoir par la force d'attraction *masculine*.

La gêne qui accompagne ces émois, surprenants et particulièrement intenses, est précieuse pour s'interdire de se laisser porter par le trouble lié au plaisir. Tandis que l'un et l'autre souffrent de cette gêne sans pouvoir la nommer, elle est probablement à l'origine de l'*indulgence* d'une mère envers son fils. Comme si elle aspirait à se faire pardonner de ne pas être assez bien ou de n'avoir pu faire mieux tout en minimisant son amertume d'interdire le plaisir qu'elle lui avait pourtant promis infini.

Chris, vingt et un, ans se souvient :

> « Avec ma mère, je sentais qu'elle avait l'impression de ne jamais me donner assez... En fait, ce n'est pas moi qui manquais. C'est elle qui manquait de quelque chose... Mes parents se demandaient pourquoi j'étais pas bien, mais c'est pas moi qui n'allais pas bien ! C'est elle qui m'empêchait de me sentir bien. En plus, chez mes parents, j'avais l'impression d'être en trop. C'est pour ça qu'elle m'envoyait toujours chez ma tante. Comme ça, elle ne se sentait plus gênée. Mais moi, je ne comprenais pas. Je n'avais rien qui allait pas, sauf que je n'aimais pas qu'elle ne se sente pas bien avec moi. C'est elle qui était insatisfaite. Elle qui manquait de quelque chose. Moi, ça me gênait, oui c'est vrai... Je ne savais pas quoi lui donner pour qu'elle se sente bien. J'ai l'impression que c'est pour éviter son propre malaise qu'elle

m'éloignait. Quand elle me retrouvait, c'était pareil, elle était toujours gênée. Elle me regardait de loin. Comme s'il y avait quelque chose de pas normal. Comme si elle aurait préféré que ce soit ma tante qui soit ma mère. Ça l'aurait débarrassée d'un poids. Alors elle se serait sentie bien avec moi. Je l'aimais bien, mais j'avais l'impression qu'elle ne m'aimait pas. Ce n'est que maintenant que je prends conscience de tout ça... »

La mère qui se vit « petite » face à son fils lui communique ce sentiment d'infériorité. Elle génère chez lui un trouble qui peut faire obstacle à son développement. S'il ne trouve pas d'autres points d'appui pour rétablir son équilibre, sa confiance est minée. Il a l'impression de « manquer du manque » de sa mère et se sent en faute de ne pouvoir lui donner ce qui lui manque. En même temps qu'il doit se résoudre à ne pas en faire son épouse, il est tenté de prendre en charge ce sentiment d'infériorité[1] pour ne pas la décevoir, ne pas la contrarier et s'épargner en l'épargnant. Une sorte de combat se livre alors en lui. Avant qu'il ne conçoive à son tour de l'indulgence pour sa mère, l'amour qu'il lui porte est mâtiné de défiance. Il peut se sentir condamné à rester petit par crainte de la déstabiliser.

« Vous savez, j'ai mis longtemps à ne plus lui en vouloir de ne pas être plus simple avec moi. Mais je crois que je lui en voulais aussi comme on en veut aux gens qui en connaissent trop sur nous. On a envie qu'ils nous oublient. »

Derrière cette défiance filiale se lit aussi l'expression du sentiment d'infériorité propre à tout enfant. Sa mère en sait trop sur lui. Elle est susceptible de dévoiler ses failles. La manière qu'a trouvée Chris de le supporter a été de raconter des histoires.

---

1. En cherchant, comme nous l'avons vu par ailleurs, à briller en société ou à réaliser des exploits.

De même que le fils peut se sentir poussé vers la sortie trop tôt du fait de sa faiblesse hors du cocon familial, la mère se sent dévorée par cet homme qui se découvre à elle. Ne plus avoir prise sur lui la désarçonne. Elle a tendance à dramatiser le moindre mensonge comme s'il devait hypothéquer la relation tandis que son fils y a recours pour la préserver en se préservant. Les réactions de sa mère lui semblent d'autant plus démesurées qu'il a encore besoin d'elle. Et s'il cherche à lui échapper en dissimulant de petits forfaits, il la retient par la plainte. C'est sa façon de dire qu'il a à la fois besoin de grandir et de rester petit. Destiné à donner des forces à sa mère, il n'a de cesse de lui en redemander au risque de l'épuiser !

Si elle ne lui tient pas rigueur de ce comportement contradictoire ni ne cherche à régner sur son avenir en le punissant au moindre de ses forfaits, une fois devenu homme, le fils tendra moins à *emprisonner sa femme à l'intérieur* du foyer comme il se sera *senti prisonnier de l'univers féminin*…

La femme de mon père

Grandir, c'est surmonter des obstacles. Mais certains d'entre eux, dressés pour faire barrage, sont par essence insurmontables. Ainsi en va-t-il de l'interdit de l'inceste qui est là pour empêcher une trop grande intimité avec la mère.

Vers six ans, alors qu'il doit définitivement renoncer à être un bébé, le petit garçon doit aussi se résoudre à l'idée que sa mère ne soit plus toute à lui et seulement pour lui. Avant d'y parvenir, il cultive l'espoir d'un jour remplacer papa dans le lit de maman pour retrouver sa place et son plaisir de bébé. Ne pas lui laisser croire qu'il peut ainsi détrôner son père l'encourage à faire aussi bien que celui-ci en séduisant une autre femme que sa mère.

L'obstacle ici n'est pas le père, comme l'enfant l'imagine, mais la loi de l'interdit de l'inceste dont il doit intégrer les principes. Plusieurs années se passent avant qu'il n'y consente : dix-neuf, vingt, parfois, voire plus ! Il n'est plus question de vaincre ce père qui freine son désir mais d'en accepter le rôle. La contrariété de ne pouvoir franchir l'obstacle est parfois longue à digérer et ne va pas sans éveiller une certaine violence.

Chez le garçon, les contrariétés se traduisent, à travers le temps, par des colères qui commencent vers quatre ou cinq mois et s'amplifient par la suite selon qu'il parvient ou non à les réprimer. C'est parfois dans le mutisme qu'il se réfugie, avec l'espoir de conquérir un jour ce qui lui fut refusé la veille…

À lui de reconnaître la nécessité du barrage imposé par la réalité.

Aux parents de l'encourager à ne plus céder au seul principe de son bon plaisir.

« Une mère ne peut pas tout pour toi. Elle n'a pas à céder à ton désir ». On comprend que cela ne soit pas chose aisée à accepter. Comment en effet renoncer à la promesse de cet amour impossible et ravissant ?

Durant cette période, le fils est partagé entre la rébellion et le désir de se faire plaindre. Sous certains masques de perdition qu'il affiche pour attendrir, se cache l'expression de la volonté de puissance de celui qui a du mal à se séparer de sa mère.

Fille ou garçon, l'enfant est tenté de séparer ses parents pour s'en accaparer les faveurs. Et s'il dit du *mal* de sa mère afin de se rapprocher du père, c'est une façon d'éloigner le *mal* que la séparation lui inflige. Moins médisant la plupart du temps qu'une fille, le garçon ose aussi moins se livrer. Mais par ailleurs, si sa mère se lamente en laissant entendre que le père n'est pas à la hauteur, il s'en accommode volontiers sans le démentir. Que le père existe un peu moins dans le cœur de sa mère lui permet de se rehausser. L'espoir de faire mieux que l'amant de sa mère nourrit celui de ne pas perdre sa place.

« Maman, ça va bien ? Qu'est-ce que je peux faire pour toi ? Tu as l'air triste… ça va pas bien ? Vous allez divorcer avec papa ? »

Le divorce de ses parents chagrinerait irrémédiablement Rémi. Seulement, l'attachement à sa mère, les désirs conflictuels qui l'assaillent le déchirent entre soif d'aimer et tentation de haïr, aspiration à partir et volonté de rester. Les disputes de ses parents le déboussolent. En imaginant ce divorce, il se rend un instant indispensable à la place du père pour secourir sa mère au moment où il peine à prendre son envol et se vit donc désœuvré.

S'il n'est pas remis à *sa place d'enfant*, pour découvrir et assumer *son plaisir d'enfant*, un garçon aura tôt fait de vouloir occuper celle de l'amant. Comme si le divorce parental lui laissait croire qu'il n'aurait plus besoin de quitter sa mère car elle-même aurait besoin de lui ! Par là, la menace de cet événement malheureux lui donne une excuse pour rester auprès de sa mère.

Céder dans ces circonstances à l'enfant le condamne dans ses difficultés à s'éloigner et accentue sa culpabilité. D'une part, rendu responsable du malheur de ses parents, il risque de perdre goût à la vie. D'autre part, il peut, effrayé du pouvoir démesuré dont il aura été investi, être tenté par un repli sur soi[1], au moment de prendre son envol. Tandis qu'en lui résistant, la mère maintient son couple dans une perspective d'avenir qui autorise le garçon à prévoir le sien sans s'imaginer *meurtrier du père*.

Une fois dépassé ce cap, durant lequel il projette ses conflits intérieurs personnels sur le couple parental et éprouve une certaine complaisance à l'imaginer brisé, le garçon enfin devenu indépendant est fier que sa mère et son père aient su ne pas lui céder.

---

1. Anorexie, addiction, difficultés scolaires, qui disent ici que l'enfant n'ose pas assumer son pouvoir. À mal en user, il est susceptible de faire de nouveau souffrir ceux qu'il aime et d'accentuer sa culpabilité.

Plus tard, quand il sera père à son tour, attendri par son propre fils, il ne se moquera pas de lui pas plus qu'il ne verra en lui un rival. Il saura trouver les mots pour l'aider à mieux se séparer de sa propre mère.

On voit ici une nouvelle expression de l'œdipe. S'imaginer à la place du père est chez un garçon une façon d'exprimer sa peur de perdre *toute place* quand l'angoisse de l'avenir l'étreint. S'il appelle au secours, cela ne veut pas dire qu'il *souhaite* qu'on lui *cède* la *place*. Mais qu'on l'aide à affirmer la sienne. Lui céder serait se condamner à ne plus l'estimer, à être lié à lui par la peur et la culpabilité au risque de perdre toute estime de lui.

Tout enfant connaît ce cap déchirant, à nous d'aider nos fils à le passer en dépassant les conflits qui les bouleversent.

Partir… ?

C'est vers quatorze ans que le garçon commence à comprendre qu'il doit partir trouver son plaisir ailleurs, sans plus attendre que sa mère comble le vide que laisse toute naissance. Partir, c'est renoncer à l'espoir de conquérir une mère en rivalisant avec son amant. C'est arrêter de se détruire en détruisant l'image d'un père auquel on reprocherait de ne pas avoir été un bon mari sous prétexte qu'il prend notre mère. Ce départ est plus difficile quand le père laisse la place vacante.

De son côté, une mère se doit d'exister en dehors de son fils pour l'encourager à exister hors de la maison, mais sans jouer sur la frustration que cela entraîne. Entretenue abusivement, celle-ci est à la source de nombre d'addictions chez le fils. La vie se charge de nous frustrer suffisamment ; ce n'est pas la peine d'en rajouter en toute conscience ! Le garçon n'est pas « fait » pour plaire à sa mère. Ni pour imposer ce qui lui déplaît. Le comprendre autorise des rencontres plaisantes, où chacun découvre le droit à son intimité cachée. La mère retrouve sa féminité, le fils découvre sa sexualité une fois celle-ci soustraite à sa mère.

Comment renoncer à qui nous a encensé ? Comment quitter celle qui nous a murmuré qu'on lui était indispensable ? Comment ne pas se sentir amoindri sitôt que l'on s'en éloigne ? Nous avons pu voir précédemment que le fils revivifiait sa mère tout autant que celle-ci lui avait donné vie. Fort de ce sentiment, un garçon qui entre en rivalité avec son père peut s'imaginer valoir mieux que lui. La faiblesse qu'il suppose chez cet homme est une excuse pour protéger sa mère, tout comme celle qu'il projette sur cette dernière. Si rien ne vient le contredire, si la mère le laisse critiquer son père et si le père se laisse dénigrer sans réagir, l'enfant risque de se laisser aller à une détestation de l'homme et partant de lui-même, proche de la haine. La place lui semblera libre et l'accès autorisé : ce qu'il éprouve face au mari de sa mère lui est si pénible qu'il ne sait que lui en vouloir. Mais il garde l'avantage en dissimulant cette détestation sous des éloges flatteurs.

Ainsi, Rémi se sent-il impuissant à vivre hors de la maison. Il fuit son père : il évite les repas, ne répond pas aux appels, trouve toujours des prétextes pour ne pas se trouver dans le même lieu. Ce qui ne l'empêche pas de le flatter en public et de faire savoir qu'il le flatte. Il souhaite le détrôner sans se départir du secret espoir d'acheter ses faveurs pour dérober la femme-mère…

On l'a vu, une mère est vécue comme une séparatrice sitôt qu'elle ne peut répondre au manque exprimé par son fils. Mais l'insatisfaction est structurelle et rien ne sert à certains moments à apaiser les pleurs ou les cris de colère. Une fois les besoins vitaux de l'enfant satisfaits, à lui d'apprendre à déchiffrer son propre désir, à respecter la loi. Douloureux, le chemin de l'apprentissage semble sans fin. Persuadé que sa mère est coupable du non-assouvissement de son désir, le fils a tendance à se « venger de ce qu'elle lui a fait subir ». Cependant, il ne lui est pas possible de faire autrement. S'en voulant de ne pas parvenir à s'en détacher, le garçon dissimule son jeu. Comme poussé par un sentiment de vengeance aussi inassouvi que son désir, prêt à en vouloir à la terre entière, avide de se sentir aimé, il est tiraillé entre l'idée de ne pas renoncer à conquérir sa mère et celle de la rejeter, furieux de se sentir tantôt livré à lui-même et à son impuissance, tantôt repoussé. Quand ressurgit la rage passée mal comprise, il s'enferme dans le mutisme ou la condescendance, aussi longtemps qu'il ne trouve pas de substitut pour s'apaiser.

Œdipe, à qui la faute ?

Comment un fils peut-il se détacher d'une mère qui ne parvient pas à s'en détacher sinon au risque de lui couper les vivres ?

> « S'il te plaît, ne pars pas. Tu vas te faire tuer, je ne supporterai pas… Reste auprès de moi, si tu pars tu nous condamnes. Si tu te tues ça me tue… »
>
> Bénédicte redoute qu'Hervé, l'aîné chéri de ses cinq enfants, parte à la guerre. Elle l'a élevé dans l'idée que les armes étaient dangereuses et, même en jouet, aucune n'a jamais franchi le seuil de la maison. Elle l'encourage à se faire réformer, et à vingt-trois ans il finit par s'identifier à la faiblesse maternelle.
>
> Adolescent, alors qu'il rêvait de partir faire les quatre cents coups avec des copains, les larmes de Bénédicte l'en avait déjà dissuadé.
>
> Elle prend soin de lui comme d'un bébé que la vie en collectivité détruirait. Il la seconde en s'occupant de ses frères et sœurs tandis que Bob, le père, ambassadeur, voyage à travers le monde.
>
> En prétextant veiller à la santé de son fils, c'est en réalité la sienne que Bénédicte préserve. Après l'avoir choyé, elle attend de lui qu'il la cajole.
>
> Maintenu dans la dépendance, il ne s'imagine plus vivre sans elle. Si Hervé craint de l'abandonner, il est aussi fier de lui apporter plus que son père. Mais qu'il parte ou qu'il reste, sans le dire, il se sent condamné. Toute sa vie, il regrettera ce jour où il a renoncé aux copains.

Quand, en réponse à la sollicitation maternelle, un fils entre en trop grande complicité avec elle, il se rend incapable d'accéder à son propre plaisir.

Voué alors à satisfaire celui de sa mère, il risque de nourrir du ressentiment à l'égard des femmes dans lesquelles il ne verra que des mères.

La plupart du temps, des désordres sexuels familiaux ont présidé[1] à ces relations de dépendance. Leurs fantômes inquiétants hantent l'histoire et parasitent la relation pour se faire entendre. Si les symptômes qu'ils induisent ne sont pas décryptés à la racine, il est fréquent que de nouveaux abus sexuels se produisent[2].

Enfant, Bénédicte a été abusée par un oncle dont elle attendait protection. Elle est depuis restée fragile. Devenue mère, en même temps qu'elle craint pour la vie de son fils, elle s'affole à l'idée qu'il se livre à quelques exactions sur sa personne. Toute expérience malheureuse enfouie tend à se reproduire. C'est pour conjurer cette reproduction que Bénédicte retient (abusivement) son fils. L'écueil, à plus long terme, est de le rendre dangereux pour lui-même ou pour d'autres personnes, plus faibles que lui.

De son côté, Bob, coureur invétéré, se réfugie derrière sa profession pour vivre une sexualité débridée. Séduisant des jeunettes tandis qu'Hervé occupe sa place, il prend en quelque sorte celle du fils à l'extérieur de la maison.

Apparemment ravie mais soumise à l'angoisse, Bénédicte ne supporte ni la solitude ni la promiscuité avec son mari. Elle se refuse à lui depuis la naissance du benjamin et se laisse couler dans une douce dépression.

Ainsi Hervé se sacrifie-t-il en vain pour consoler sa mère d'une douleur enfouie dont il ignore la teneur.

---

1. Aux générations précédentes. Leurs souvenirs inconscients prennent valeur de menace qui entrave la prise et l'octroi de liberté.
2. Ou que le fils agité par un sentiment d'impuissance et une culpabilité dont il ignore la cause et incapable d'autonomie se sente dépressif, parfois jusqu'au suicide.

Partir ou rester ? Les enjeux sont complexes. C'est un des apports essentiels de la psychanalyse que de d'aider à les dénouer.

Derrière la plainte d'une mère se cachent des chagrins inouïs qu'elle transmet à son fils si, son tour venu, elle ne parvient à les entendre.

Charge à lui, s'il en hérite, de les déchiffrer pour interrompre la chaîne de la morbidité. Pour un garçon, résoudre le complexe qui le retient attaché à sa mère autorisera sa descendance masculine à lâcher le statut « de fils chargé d'épouser sa mère »[1]. Ses fils se sentiront libres d'aimer une femme.

Cette tâche semble encore insurmontable à Hervé.

Comment résister à une mère qui porte un si joli prénom ? Bénédicte, « la bien dite »… Pour lui, ce qu'elle dit, ce qu'elle veut, ne peut qu'être juste, tout comme il se sent dans son bon droit de descendre Bob, à qui il en veut de ne pas l'avoir armé[2] contre elle.

Qu'un fils souffre à l'idée de partir est naturel. Mais qu'une mère soit rétive à celle du départ de son fils est de l'ordre de la pathologie.

Accepter que sa mère *puisse* et *doive* vivre sans lui et qu'il ait à vivre en dehors d'elle, c'est ce qu'on appelle la sortie de l'Œdipe qu'impose l'interdit de l'inceste… Ma pratique me fait dire qu'il n'y a pas d'âge précis pour la résolution de l'Œdipe, mais que c'est tout au long de l'enfance, de l'adolescence et même au-delà que ce processus s'accomplit et que fils et mère s'y résignent, non sans douleur.

---

1. Ou de ne voir en toute femme qu'une mère. Au risque de se venger sur elle de cet indicible mal dont il aura souffert auprès de la sienne.
2. Passé les premières années, un fils a besoin avant tout d'un père.

TROISIÈME PARTIE

Le troisième âge de la vie : fils désiré, homme désirant

Le tourment sincère d'une mère : sa (première ?) femme

8

La relation à sa mère marque de son empreinte les relations ultérieures[1]. Non que le fils choisisse une femme en fonction de ses ressemblances avec sa mère, mais il est spontanément attiré par celle auprès de qui il revivra les émotions, les sentiments, les sensations et les souvenirs qui marquèrent cette relation première. Au désir d'aimer correspond celui, inconscient, de se sentir en terrain suffisamment familier pour oser certaines expériences sexuelles, sensuelles et affectives. Cette parenté est rarement visible et qu'elle le soit ou non, l'élue du cœur d'un garçon est rarement au goût de sa mère qui voit d'abord dans l'amour de son fils une rivale.

---

1. Notons au passage que cela s'avère, que l'on soit fille ou garçon.

En la matière, une fois de plus, il ne faut pas se fier aux apparences. Même quand une belle-mère adopte « sa » belle-fille c'est souvent pour garder son fils et se montrer parfaite. Il est rare que les idylles belle-mère/belle-fille des premiers temps perdurent. Quand c'est le cas, on constate le plus souvent une alliance au détriment de l'autonomie du fils. Il ne s'agit pas ici de diabolisation mais de mise en garde.

Quelle est la vraie femme de mon fils ?

« Vous ne savez pas ? Pierre-Élie, il va se marier... Et je ne l'ai su qu'après elle ! »... Emma est si émue qu'elle ne se rend pas compte de l'absurdité de sa plainte. Admettant mal de « partager » son fils, elle ne supporte pas de ne pas avoir été dans le secret la première... Ce n'est qu'une fois le chagrin ravalé qu'elle rit d'elle-même : « Que je suis bête ! C'est quand même normal qu'elle l'ait su avant moi... » Mais aussitôt elle se reprend : « N'empêche... il aurait pu m'en parler avant... Me demander mon avis. La précédente, je l'adorais. Avec elle, j'aurais été d'accord. Mais là ! Si encore elle était protestante, mais vous vous rendez compte, elle refuse le mariage à l'église ! De quoi vais-je avoir l'air ? Il aurait pu penser à moi... La petite Irina, elle était si charmante. »

Ce qu'Emma oublie, c'est qu'Irina a fini par quitter le fils faute d'être bien accueillie par la mère !

Tout *autre* qui s'interpose entre une mère et son fils ranime des sentiments (possessivité, fragilité, rivalité, retour en enfance) qui la mettent en émoi. Alors qu'elle se croyait assurée de sa propriété, la voilà menacée. Mise en balance par la jeunesse qui lui laisse entendre que la sienne est perdue, elle est prête à tout sur le moment, sauf à se résigner. Elle veut que *l'autre* s'efface, et il n'est pas rare que le désespoir l'emporte vers des excès langagiers ou comportementaux.

Si les pulsions destructrices ne prennent pas le dessus, le tourment fait place à une acceptation progressive. L'exemplarité étant un moyen subtil de conserver cette place unique qui ne peut revenir qu'à la meilleure des mères, elle tient compte des intérêts de son fils et se met en retrait.

Mais avant d'en arriver là, son cœur se révèle être un champ de bataille : elle a l'impression d'être expulsée de celui de son fils par la seule présence de l'autre. Pourquoi ne pas l'expulser à son tour ?

« S'il part avec elle je meurs... plutôt que de mourir le tuer... mais s'il meurt ça me tue... » pense de son fils Emma.

Pierre-Élie aura toujours sa place dans le cœur de sa mère, même si par dépit, elle ne sait aujourd'hui que rendre cette place *inconfortable*... Qu'il lui en préfère une autre excite sa vengeance. Un anniversaire, le choix d'un lieu de vacances, un repas familial, toute occasion est sujette à déception. Avide de marquer sa suprématie, la petite fille en elle se réveille à travers son impuissance à se faire reconnaître.

« Les amours de mon fils sont mes amours ! » La formule pourrait résumer l'état d'esprit d'une mère qui ne parvient pas à accepter que son fils en aime une autre. Elle l'idéalise depuis le jour où elle l'a mis au monde. Elle rêve en conséquence d'une femme idéale pour lui, autrement dit d'une femme qui lui conviendrait à elle ! Son inconscient lui souffle dans un premier élan que ce ne peut être qu'elle. Elle cherche à intervenir dans la vie de son fils, tandis que lui, bonhomme, ne comprenant pas la résistance de sa mère, s'applique en vain à la satisfaire et à l'apaiser, malheureux de lui déplaire[1]. Il ignore ce qui se passe en elle.

Toute mère se *sent* démunie quand elle se *sent* (devenir ou devenue) inutile. C'est ce qui se joue lorsque les enfants quittent la maison. Le mariage du

---

1. Et dans l'espoir de lui plaire peut-être mieux que son père. Quel est l'être humain qui n'éprouve pas le besoin d'être toujours « mieux aimé » ?

fils, son engagement auprès d'une autre, renvoie la femme à sa solitude première et à ses chagrins enfantins, quelle que soit par ailleurs la joie éprouvée ou la fierté sociale affichée. Le garçon était venu la combler, le fils la rassurer, l'adolescent en herbe la flatter, le jeune homme lui apporter la moitié qui lui manquait et voilà qu'il disparaît au profit d'une autre. La mère se vit abandonnée. Elle était toute-puissante, la voilà démunie. Seule la subjectivité en ces moments a valeur de vérité. Entre impuissance et toute-puissance, elle voudrait ne pas blesser mais ne sait pas se retenir de le faire. Dépitée quand elle aperçoit que son fils se soustrait à son pouvoir et cesse de le redouter, elle oublie alors la fierté de l'avoir autorisé à s'émanciper. Au contraire, elle en conçoit de l'amertume…

« Mon fils n'est plus à moi. Ce n'est plus mon fils, j'ai envie de le détester… Je ne veux plus le voir. Je veux qu'il m'aime moi… » Il n'y a pas que le type de la *mamma* italienne ou de la mère juive pour lâcher de telles exclamations !

Qu'il soit aimé ailleurs agace une mère. Si en entendre du bien la flatte, elle a pourtant la sensation d'être volée. Il lui est encore réservé. En colère, elle prend plaisir à le mettre en défaut ou à le toucher au vif de sa sensibilité. Mais la moindre parole négative de la future épouse ou de la maîtresse au sujet du jeune homme réveille ses foudres et attise son venin.

« Comment dénigrer la femme qui ose dérober mon bel idéal sans le dénigrer à travers elle ? Comment le faire renoncer et le reconquérir ? Comment dénoncer celle qui aime qui l'on aime ? »

Ce questionnement torture plus ou moins toute mère.

Paradoxalement, la perspective de voir un fils s'éloigner réveille dans le cœur d'une mère le désir d'être, de rester, de redevenir la meilleure dans celui de sa propre mère. En effet, si, à tout âge, le fils est susceptible de symboliser aussi bien le père que le mari, le grand-père que l'oncle et le cousin, sa disparition peut ressusciter l'absence d'une mère[1] et le besoin infini que l'on en a, par l'impression du vide insensé qu'elle réactualise.

Certaines, courant après l'éternité, se donnent l'illusion de pouvoir arrêter le temps. Leur fils, ce miroir qui leur renvoyait jusque-là une image valorisante, leur préfère une femme plus jeune. Elles modifient leur comportement vestimentaire, adoptent un langage et des mimiques juvéniles ou ont recours à la chirurgie esthétique pour se donner un nouveau visage, séduire de très jeunes garçons, exciter la jalousie de leur fils. Et, si le dépit l'emporte, elles agitent le mouchoir du divorce pour convaincre de leur malheur.

D'autres (se) retournent alors vers leur mari – après cette régression adolescente – avec le sentiment refoulé de l'avoir trahi pendant plus de vingt ans. Un peu penaudes de s'en être détournées, elles redoublent de culpabilité et lui assènent toutes sortes de reproches : comme si elles lui en voulaient qu'il ne soit ni leur père idéal, ni ce jeune homme magnifié. Elles se blâment d'avoir *trompé* leur époux en devenant mère, mais exigent le droit de se conduire en petites filles.

Difficile pour un fils de devenir homme quand sa mère ne sait consentir à la nécessité de franchir une nouvelle étape.

Accepter sa féminité, c'est accepter son fils

Le mariage de Raphaël, son benjamin, objet d'une attention et d'un investissement privilégiés depuis qu'elle a failli le perdre, affole Betty.

---

1. En tant qu'objet perdu.

Sa propre mère – elle-même objet dans l'enfance de brimades *en tant que fille* – l'a d'abord idolâtrée *en tant que premier enfant*. Puis elle l'a dénigrée au profit de son frère. Quoi qu'elle fasse, ce n'était jamais assez bien. « J'avais beau briller à l'école, remporter le premier prix de dessin, je n'étais qu'une fille ». Ce déni féminin l'a perturbée. Betty a gardé de ses premiers traitements de faveur une très haute opinion d'elle-même, mais elle se sent menacée dans sa supériorité par toute présence masculine à l'exception de ses fils et devient très vite agressive. Devenue mère de trois garçons, elle les élève de façon exemplaire. Leurs succès sont pour elle source de fierté compensatrice. Jalousés par leur père, les fils s'appliquent, quitte à ruser, à ne jamais décevoir leur mère. Betty dirige une entreprise. C'est une battante qui a même mieux réussi que son frère. Son succès a fini par lui valoir la reconnaissance paternelle : « Elle n'est pas si bête que ça (pour une fille !) ». Pourtant, quand le dernier de ses fils part de la maison, Betty s'effondre dans la dépression.

La dépréciation de soi fut compensée durant des années par un surinvestissement professionnel et un surinvestissement narcissique pour ses fils. Mais ils n'ont pas suffi à réparer la petite fille meurtrie de n'être « qu'une fille ». Les blessures endurées par celle qui a refusé de se soumettre à la loi patriarcale du déni féminin continuent à crier dans un corps qu'elle n'a songé qu'à réprimer.

L'autorité suprême du père fut trop bien intégrée par sa mère, au préjudice de sa propre féminité. De fait, cela a interdit à Betty d'accéder au plaisir de la sexualité féminine. Toujours en quête de reconnaissance, elle n'éprouve de plaisir qu'auprès de ses fils. Partagée entre la tentation de la jouissance et la volonté de se contenir, elle n'ose ni se l'avouer ni se l'interdire et en conçoit une culpabilité vengeresse. Elle a eu beau ne jamais avoir « envie de pénis », elle n'a cessé enfant d'entendre[1] qu'il serait mieux pour elle d'en avoir un pour gagner la *reconnaissance paternelle*. La surévaluation des hommes, inscrite dans sa sexualité, obligeait la petite fille à se déprécier et la jeune femme qu'elle devint à mépriser cette petite fille[2].

---

1. Message implicite qui circule au niveau de l'inconscient familial et social.
2. « L'adhésion de la femme à l'idéologie narcissico-phallique lui confère rétrospectivement le sigle (lui-même négation de la féminité) de mère phallique » Philippe Gutton *in Les Mères juives n'existent pas*, Naouri, Angel, Gutton, Odile Jacob, 2005.

La psychanalyse lui permettra de ne plus céder à la dévalorisation transgénérationnelle du féminin, de prendre conscience du rejet de sa propre féminité et de l'investir progressivement pour son propre[1] plaisir.

Alors qu'elle n'avait plus de relation sexuelle avec son mari depuis des années, elle découvre enfin son corps de fille une fois son dernier fils parti.

Le déni de la féminité intégré par la plupart des femmes non seulement les amènent à refuser les hommes (par qui elles se sentent refusées) mais leur interdit l'accès à leur propre corps. Le surinvestissement du fils est le corollaire de ce déni. Quand il est confirmé par la répression maternelle de la féminité – la sienne et celle de sa fille – cette dernière devenue mère a tendance à se réprimer encore plus. Le mariage de ses fils menaçait Betty d'effondrement. Leur future femme faisant figure de rivale susceptible de lui ôter sa source de plaisir et de révéler son incapacité.

Se retrouver, c'est alors retrouver la petite fille en soi, reconnaître le plaisir des sens lié à la découverte de son corps, légitimement éprouvé, mais jusque-là refoulé car tacitement dénigré. Il s'agit pour Betty d'apprendre à s'aimer en différenciant bien les plaisirs interdits (liés notamment à l'inceste, comme on a pu le voir) et les plaisirs autorisés, essentiels à l'équilibre : plaisir de bien se nourrir, de bien dormir, saine sexualité et autres plaisirs régénérateurs.

Elle réconciliera ou même conciliera la mère et la petite fille, la femme et l'enfant...

---

1. Soulignons le mot *propre* : il s'agit bien de son *propre* plaisir, jusque-là le plaisir après lequel elle courait n'étant pas le sien. Celui qu'elle voulait donner aux autres et celui qu'elle mimait lui laissaient l'impression de *se salir*. Accéder à son *propre* plaisir, c'est cesser de se méconnaître en prétendant à un plaisir artificiel qui ne nous appartient pas, fondé sur un *mésamour* ou *un dégoût de soi*.

Ce mariage, une fois passées les angoisses qu'il aura suscitées, sera en définitive l'occasion d'une *nouvelle vie*. Elle ne se sentira plus amputée ni d'un fils ni d'un sexe qu'elle n'a jamais revendiqué. En revanche, elle intègrera le sien comme un élément de sa féminité. Après être devenue mère, avec l'assurance de le rester, même en l'absence de son benjamin, elle n'attendra plus de lui qu'il la rassure. Ne se sentant plus ni trahie ni perdue ni volée, elle échappera à la tentation de la mélancolie. Avec probablement un sentiment de fierté lié à celui *d'avoir réhabilité sa mère et les femmes de sa lignée*. Son fils en percevra les bénéfices : il ne ressentira plus la honte de *tromper* sa mère car Betty ne lui donnera plus l'impression *d'être trompée* par lui. D'une part, il ne lui sera plus indispensable, puisqu'elle saura trouver son plaisir ailleurs. D'autre part, sa femme ne sera plus dénigrée par sa mère qui ne jalousera plus en elle la petite fille aimable qu'elle n'a pas été... Ne réprimant plus son plaisir, Betty supportera qu'une autre en éprouve sans aussitôt imaginer que c'est « pure saleté ». Parvenant enfin à ne plus reproduire la loi patriarcale à son insu, elle n'attendra plus de son fils qu'il s'y conforme. Grand-mère, elle pourra apprécier ses petites-filles sans réprimer leur plaisir ni étouffer chacune de ses expressions enfantines.

La renaissance de Betty agit comme une reconnaissance intime et rassurante de la féminité. Comme une acceptation aussi de sa spécificité. Si celle-ci reste encore énigmatique à ses propres yeux, elle autorise cependant par contrecoup celle de son fils[1] auquel elle ne se sent plus aliénée. Le libérant en même temps qu'elle se libère, elle cesse de le soumettre à son tour à l'idéologie sexuelle masculine dominante dont elle fut la première victime. Leurs destins se séparent. Puisqu'elle arrête de se sentir effacée par le mariage de son fils, elle ne tend plus à l'effacer en effaçant

---

1. Qu'elle supportait mal jusque-là parce qu'elle-même ne s'était pas sentie supportée petite fille.

sa future compagne[1]. Elle existe en dehors de lui et l'autorise à vivre en dehors d'elle[2]. Elle n'a plus besoin de lui pour se faire reconnaître ou s'imposer en imposant « sa » loi phallique à travers lui. Il peut de son côté continuer à l'aimer en la respectant en tant que mère tout en aimant l'épouse qu'il s'est choisie, comme une femme dont il admet la sexualité.

La soumission d'une mère à l'homme, confirmée par sa peur de perdre son fils, lui donne envie d'engloutir celui-ci, tandis que son émancipation l'ouvre sur de nouveaux plaisirs. Découvrant son intimité, elle se découvre dans l'altérité. N'étant plus sous l'emprise d'un discours masculin, elle ne tend plus à exercer sa domination.

> Mia ne souffre pas de ne pas être. Ni ne s'imagine souffrir de ne pas avoir. Mais elle a toujours avancé dans la vie en s'imaginant qu'elle aurait ce que la civilisation pouvait lui reprocher de ne pas avoir ou être. Quoi ? Elle ne sait pas, tout ce qu'elle peut dire c'est que – contrairement à sa mère – elle aura d'abord un garçon... C'est sa façon de dire, je veux et j'aurai un pénis non pas pour « ne pas être une fille », mais pour « ne pas être *qu'une* fille », une fille seulement.
>
> « Je veux un pénis pour ne pas être condamnée à me soumettre à celui ou celle qui en a... le pouvoir... je l'aurai par l'intermédiaire de mon fils. »
>
> C'est sa façon d'être « mieux que... »[3] et son ultime recours pour ne pas se soumettre. Elle ne nie pas sa féminité mais affirme sa décision de ne pas se laisser supplanter par les garçons, tout en disant « j'en ai un moi aussi... ». Son frère et ses cousins ont été *survalorisés* par sa mère, ses tantes et sa grand-mère : elle-même s'est toujours sentie *défavorisée*. Et bien qu'elle en prît son parti de façon positive, elle n'a pas oublié que c'était à l'avantage

---

1. Comme elle avait dévalorisé ses premières belles-filles pour imposer sa supériorité.
2. Et de *sa* loi qui se fait l'écho de *la loi phallique*. Sa loi, c'est-à-dire l'interprétation qu'elle fait de cette loi une fois qu'elle se l'est appropriée.
3. *Cf.* « Un désir avoué de fils », page 11.

des garçons qu'elle devait rester à la maison. D'avoir dû s'effacer à leur profit l'a amenée à douter de ses qualités. Hésitant à reconnaître ses propres organes génitaux, elle peine à s'autoriser la jouissance et imagine compenser « son absence de pénis » en ayant un fils...

Un leurre dont il est impossible de se passer

Myriam a quatre fils, de trois pères différents... Dès que le benjamin a pris une petite amie, elle l'a prié de quitter la maison. Deux mois après, n'étant plus en âge de procréer, elle rencontre un nouveau compagnon. Sourire charmant, fils prodige, amant idéal, plutôt malheureux d'être au chômage et abandonné par sa dernière femme... Auprès de lui, Myriam retrouve l'espoir de combler son manque. Elle se dévoue corps et âme, pour répondre, *mère veilleuse*, à chacun de ses besoins, sans jamais déborder sur sa liberté afin qu'il ne la fuit ni ne la rejette pas. Elle réalise pour lui ce qu'elle n'a jamais réalisé pour aucun de ses fils et lui donne ce qu'elle n'a su donner aux pères de ses enfants. Elle le soutient dans sa vie professionnelle. Grâce à elle, il peut enfin faire de la mise en scène de théâtre, ce dont il rêvait depuis toujours. En satisfaisant de manière démonstrative son propre besoin de reconnaissance inassouvie, Myriam entretient la jalousie de ses fils, jusqu'à leur faire regretter de l'avoir « quittée ». Qu'elle offre à son dernier compagnon tout le plaisir dont leur mariage l'a frustrée ne peut que les rendre amers.

Ses « hommes » précédents font tous figure de « faux frères » coupables de l'avoir privée de sa féminité. Son compagnon découvre en elle la mère parfaite qui lui donne l'avantage d'être (enfin) le préféré d'entre tous... Choyé comme celui qui la comble le mieux, il ne doute pas d'être le meilleur.

Le vide (maternel/féminin) n'est jamais comblé. Il est chez la femme comme un besoin par essence inassouvi, comme un appétit immense que rien n'apaise et qui demande sans cesse à l'être : celui de se sentir indispensable pour transmettre la vie.

Son fils lui donne l'illusion de la combler. Qu'il la quitte pour une autre et la voilà perdue.

C'est une expérience particulièrement intense pour une mère que de se résoudre à ne plus être la première dame dans le cœur du fils, sans en faire pour autant l'objet de sa haine inavouée. Il est tentant en effet de le frustrer pour le récupérer quand sa disparition ravive avec cruauté la crainte si profondément ancrée dans l'histoire personnelle de ne plus exister.

Les souffrances sincères d'un fils : ma (première ?) femme

9

Alors qu'une fille échappe à l'emprise maternelle en se dirigeant vers l'autre, le mâle, pour le garçon, c'est en se tournant vers le «même». On peut comprendre son inquiétude face au « même sexe » que celui de sa mère et le risque pour lui de retomber en enfance, malgré lui, en renouant avec ce dont il croyait se détourner. En principe, quand le fils choisit « l'amour de sa vie », le détachement s'est opéré peu à peu à travers les petites amies précédentes. Il ne faudrait pas croire toutefois que cet engagement se fasse sans douleur : il est bien plutôt le révélateur de nouvelles difficultés. S'imaginant d'autant plus autorisé à aimer que sa mère tirait fierté de ses multiples conquêtes, le fils l'imagine accepter sa femme en toute innocence. Il est donc surpris que la rencontre entre les deux (femmes) soit pour lui l'occasion d'incompréhensibles déchirements.

S'engager... Se désengager

Tandis que l'acte amoureux[1], comme nous l'apprend la pratique de la psychanalyse, renvoie le fils inconsciemment à l'expérience marquante qu'est sa naissance, l'engagement dans la vie conjugale le rappelle à cette relation première avec sa mère dont il doit se désengager.

C'est une véritable épreuve. La mère est cet être fondamentalement aimable[2] et pourtant redoutable[3] qui n'a eu de cesse de le frustrer et de l'atteindre dans sa sensibilité. De le séduire et de le menacer. De le repousser puis de l'attirer à elle en se rappelant à lui à travers brimades vexatoires et plaisirs incandescents... Comment ne pas se laisser désarçonner ?

Elle est unique dans le cœur de son fils et reste pour lui la plus belle[4], certes, mais la plus belle des mères !

Tandis que dans l'esprit d'une mère la beauté est synonyme de jeunesse, dans celui d'un fils c'est l'éternité de sa mère qui en fait la beauté.

« Ma mère. Elle est... Ma mère, elle est... ma mère... j'aurais voulu la voir plus souvent... Ma mère, je n'arrivais pas à l'avoir. Ma mère. »

À l'instar de Patrick, plus d'un jeune homme aime *à voir* sa mère et à *l'avoir* à l'infini pour lui tout seul.

---

1. L'acte amoureux va au-delà de l'acte sexuel qui peut être accompli sans amour. Par acte amoureux, on entend tout ce qui peut tendre vers l'accouplement, sans nécessairement y aboutir : les gestes de séduction, l'approche sentimentale, les préliminaires et toute autre expression de la relation amoureuse.
2. En ce qu'elle a transmis la vie.
3. En ce qu'elle est capable par son indicible emprise, son chantage inavoué et les pressions qu'elle exerce de reprendre ou de gâcher la vie.
4. Ou son contraire...

Pour une femme, avoir un enfant, ce peut être, nous l'avons vu, une façon d'échapper au discours dominant, phallique, qui la persuade qu'une fille n'est qu'une fille. Qu'elle n'est pas ou pas assez. Mettre au monde un fils c'est assumer le risque de reproduire ce discours qui sépare la femme en deux : la maman et la putain, l'une étant *trop*, l'autre n'étant *rien*.

Tandis que la séparation du féminin et du maternel rassure le fils, la « transformation de sa femme en mère potentielle ou avérée »[1] l'inquiète, dans un premier temps. Aussi la plupart s'appliquent-ils à ne plus voir en leur mère que le maternel et en leur femme le féminin qui doit les aider à finir de s'extraire de leur mère.

Porte-parole de la féminité maternelle, le fils peine à renoncer au désir naturel d'avoir sa mère à lui tout seul pour égaler son père. Mais quand enfin il accomplit le pas vers l'extérieur, en se tournant vers une autre, elle n'a bientôt cesse de se rappeler à lui. Il la laisse alors, écartelé entre regret et fierté, à un père, à une sœur plus jeune ou un frère. La pilule est dure à avaler ! C'est pourtant le prix à payer pour sa liberté.

Désirer sa mère n'est pas un crime, c'est désirer une image lumineuse qui encourage à grandir. C'est aussi désirer mesurer sa virilité à celle du père au risque d'avoir à se confronter à lui.

Rebecca, touchée d'être convoitée par deux hommes, ne peut se décider à écarter son fils. L'intérêt qu'il lui porte réactive le désir de son mari et la renforce dans son narcissisme. Flattée, elle laisse Arnold, son mari, voler au secours de leur couple. Il met leur fils, Julien, à la porte de leur chambre.

« Si tu veux te mesurer à moi, prends les moyens de le faire. À chacun sa femme. Renonce à la mienne. Autrement dit, devient un homme à ton tour. Pour devenir mon *égal*, ton union se doit *d'être légale* »... pourrait dire ce père.

---

1. *Les Mères juives n'existent pas, op. cit.*

Julien en conçoit du dépit sur le moment. Il fait passer son père pour un monstre, un rustre, un ingrat. Rebecca reçoit sa plainte et se garde de lui dire qu'elle retrouve goût à ce mari qui a endossé le mauvais rôle pour la reconquérir.

La vie ici pourrait se confondre avec le désir. Tant qu'il y a de la vie, il y a du désir et l'humain reste sensible à qui a éveillé son désir en premier. D'abord sa mère, puis son père, puis un frère ou une sœur. La vie mène à résoudre les problèmes que ces personnes ont été les premières à nous poser. Pour qui, pour quoi, les oublier ? Comment se détourner de l'objet du désir premier sans être assuré que ce désir sera par ailleurs ressourcé ?

Pour un garçon, rencontrer sa future épouse et se retrouver face aux problèmes que maman a posés – de façon explicite ou implicite – est troublant. D'autant que, à ces problèmes, viennent s'ajouter ceux induits – et transmis – par les tourments maternels. Comment ne pas être surpris ou bouleversé par la souffrance d'une mère ? Elle interroge l'enfant au fin fond de sa légitimité. Au moment du mariage, l'inquiétude maternelle s'empare du fils pour mettre en doute le bien-fondé de son union. Aucun fils ne souhaite *a priori* priver sa mère de ses faveurs, même s'il lui arrive de le faire. Mais, qu'elle l'ignore ou se refuse à lui, le met en colère.

La femme est à la fois fille, mère et épouse. Cette complexité est difficile à démêler. Afin de continuer à s'aimer, le fils doit arriver à dissocier en sa mère la féminité sexuelle, en l'espèce interdite, de la féminité maternelle, dévouée à sa cause à jamais. Artifice ponctuel, cette distinction en autorise certains à diviser, on l'a vu, la femme entre la *maman* et la *putain*[1], la *sacrée* et la *traînée*, la *tout* ou *rien*. Mais une fois dépassée cette étape – aussi déchirante et conflictuelle soit-elle – *féminité sexuelle* et *féminité maternelle*

---

1. Voir le film de Jean Eustache *La Maman et la putain*.

seront à réunir en une seule et même personne : l'élue de son cœur. Le chemin qui mène à cette unité est délicat. Il s'agit d'un véritable parcours semé d'embûches, durant lequel les souvenirs inconscients de l'enfant liés à sa mère s'entremettent entre le fils devenant homme et la compagne qu'il s'est choisie.

Devant la difficulté, un fils *mal aimé* ou *trop aimé*, surinvesti par les femmes, dévoré par sa mère, pourra choisir de rejeter père et mère en bloc au moins le temps d'apprivoiser sa compagne. Son propre désir ayant été englouti sous l'attention dont il fut *l'objet*, il est comme étranger à ses sensations. Dans sa méconnaissance des sentiments qu'il nourrit pour sa mère, il a besoin de s'en écarter le temps de (dé)couvrir la femme. Dépit et frustration s'entremêlent à la tristesse réelle de ne pouvoir mieux conjuguer un besoin de s'émanciper à celui de se sentir mieux respecté. Au moment de la séparation d'avec la mère, se repose, au plan intime, le problème du père. Comment supporter les représailles et la rivalité d'un père ? Comment admettre un certain dégoût pour la féminité dont il fut submergé ?[1] Comment résister à la crainte fantasmatique d'être *ravalé par le vagin de sa mère* quand, objet de consolation de la mélancolie féminine, il est encore tout imbibé de celle-ci ? Au cœur de la contradiction et de l'ambivalence, désirant être aimé par cette mère qu'il a besoin de rejeter pour que l'anxiété ne le trahisse pas, il cherchera dans une amitié virile réconfort et reconnaissance. Mais durant cette période où son équilibre est menacé, sa réussite réclame toute son énergie. Par ailleurs, le fils a à supporter les assauts de sa femme qui, mise en rivalité avec la future belle-mère, commence à s'imposer en la dénigrant. Le voilà tiraillé entre deux extrêmes. Dans un chagrin inouï, le sentiment d'impuissance le dispute à celui d'innocence. Il se trouve de nouveau entre deux femmes, deux images de la féminité,

---

1. Chaque homme porte en lui, dans un premier temps, un dégoût plus ou moins avoué et plus ou moins prononcé pour la féminité.

pris entre le désir de s'enfuir pour y échapper et l'appréhension inconsciente d'être abandonné.

La psychanalyse peut ici intervenir en vue de dénouer ce que l'émotion rend confus, de débroussailler le chemin vers l'avenir et d'autoriser à parler en son nom sans craindre de se porter préjudice en portant atteinte à sa mère.

Question de place... Intérieur ? Extérieur ?

Perverse, bouffeuse, dévorante... Merveilleuse, envoûtante, sublime... Castratrice, exceptionnelle, unique... Extraordinaire ou vulgaire ? Extraordinairement vulgaire... Divinement touchante... Dégoûtante... ou révoltante... Un fils a eu beau voir sa mère tous les jours de son enfance, et la connaître d'abord par son intimité, le féminin reste pour lui un mystère. Mais un mystère qu'il lui semble connaître trop bien. En effet, le féminin n'est pas l'ordinaire du masculin, même si le quotidien lui a fait croire le contraire.

Entre une mère qu'il ne peut se résoudre à ne plus aimer même s'il souffre à tout instant de ne pas en avoir été *assez* aimé et un père dont il veut être reconnu tout en craignant de le tuer, le fils ne sait pas se situer[1]. Au père de s'affirmer pour autoriser son fils à s'affirmer à son tour. La haine est une version négative de cette *impossible séparation* entre mère et fils. (Voir à ce propos le paragraphe « Allaiter son fils ».)

On l'a vu, un fils qui n'a pas bénéficié de l'autorité paternelle bienveillante manque de repères. Si rien ne le lui interdit[2], il sera tenté

---

1. Si tu es ... si tuer... situer... site hué... si tu hais... Ce genre d'association étant à conjuguer avec prudence et délicatesse selon l'histoire de chacun.
2. Pour une illustration de ces interdits, voir l'exemple de Rebecca et Julien, paragraphe « S'engager... Se désengager » dans la 3e partie, chapitre 9.

d'occuper la place (laissée vacante) auprès de sa mère (pour devenir son propre père). Rien ne lui semblera plus pénible que de provoquer la souffrance maternelle. De fait, le fils appréhendera de se choisir une autre femme. Cette volonté de ne pas blesser sa mère, d'éviter sa plainte, lui servira d'excuse pour différer toujours plus la séparation d'avec elle. Le fils incarne tant bien que mal auprès de sa mère le rôle du mari – qui n'a su l'encourager à aller faire *ailleurs* aussi bien que lui pour réussir son couple.[1] Il aura tendance à retomber en enfance auprès de sa future femme tout en adoptant par mimétisme des comportements virils. Dût-il, pour cela, faire descendre sa mère d'un mythique piédestal pour la remplacer par sa femme !

Ce moment où le fils se choisit une femme est crucial et particulièrement éprouvant. Il met le garçon face à ses contradictions. Coincé entre la difficulté de quitter (sa place chez) sa mère et l'impossibilité de l'avoir à soi tout seul, l'envie de s'en débarrasser et celle d'être à sa place, comment accepter cette part d'inconnue en elle (celle qui ne lui appartient pas), qui lui permettra pourtant d'accepter sa (future) femme dans sa différence ?

À ce moment de la vie, l'impression d'aimer est contrariée par le sentiment d'avoir à donner toujours plus. Et d'être épuisé avant même d'avoir commencé à le faire. Quand on est prisonnier entre père et mère, comment se reconnaître parmi toutes ces figures conscientes et inconscientes que renvoient les parents sans se sentir perdu ? Insistant pour savoir « Pourquoi c'est comme ça ? » (la femme) et pas autrement, il lui faudra (pour l'aimer) se résoudre à accepter de ne pas la connaître (pour

---

1. Remplissant ainsi le vide de sa mère, il répond à son fantasme d'être l'unique qui lui soit indispensable. Ce faisant, il retarde son entrée dans le monde des adultes. Ce qui en soi n'est pas une tare, mais peut s'avérer un handicap pour réaliser ses ambitions.

la découvrir). Alors qu'il a l'intime conviction (d'avoir le privilège) de la connaître mieux que tout et que tous, puisqu'il la connaît de l'intérieur (croit-il) et qu'il l'a perçue (*intra utero*) comme une immense caisse de résonance qui le mettait au contact de l'univers. Comme s'il lui fallait d'abord se soustraire à elle pour l'accepter comme telle. C'est-à-dire comme une (femme) autre, à découvrir autrement qu'il ne *croit la connaître*. Apprendre à accepter sa mère sans se dresser contre (les femmes), ni la vouloir tout à soi, c'est peut-être dans la résolution de cette contradiction que se trouve la clef qui le mènera vers une femme sans y projeter une mère à haïr ou à idolâtrer. En cessant de se croire indispensable, il ne se sentira plus frappé de nullité à la moindre remarque. Apprendre à aimer quand on croit ne faire que ça, c'est arrêter non seulement de voir mais surtout de vivre sa mère dans sa femme. En cela, comme nous l'avons déjà démontré, il s'agit bien de quitter (le ventre de) sa mère pour découvrir (le cœur de) une femme. Sans plus prétendre tout connaître à *sa place*[1].

Ce passage implique de quitter le *ventre* de l'une pour conquérir le *cœur* de l'autre, sans reprocher à celle-ci d'avoir des caractéristiques maternelles. Il convient également de ne pas demander à sa future épouse de ne pas ressembler à une femme. Sous le « Ne te prends pas pour ma mère ! » se laisse entendre « Je te prends pour ma mère. »

Avoir connu une femme de l'intérieur n'empêche pas d'en découvrir une autre ni d'apprendre à l'accepter de l'extérieur. Ce cheminement est douloureux pour l'homme qui s'engage à l'accomplir. Mais la femme a besoin de son côté d'être vécue par lui comme *une autre* (que la mère, une autre que celle qu'il croit connaître ou reconnaître en elle) pour se sentir et se savoir aimée.

---

1. Cette place que plus d'un fils a cru occuper en séjournant dans son ventre.

C'est à ce prix que le fils pourra dire *je*, bien se considérer en tant que sujet, tout en s'adressant à sa mère et à sa femme comme *deux entités remarquables distinctes* qui le renforceront alors dans un *je* qui s'avérera autre que celui de son père.

Devenir un homme, pour un garçon, reviendrait à découvrir ce qu'il croit connaître – la femme – et l'accepter sans plus l'idéaliser.

> « Rentrer et sortir de la maison familiale, y faire ce que je veux, quand je le veux, et surtout ne rien y faire si je veux, ou parce que je n'ai rien à y faire. Attendre que cela se passe, attendre sans bouger l'heure de la sortie... C'est vrai, je m'ennuie. C'est vrai que je ne sais pas quoi faire... En fait la maison, c'est comme le ventre de ma mère, je ne sais quand sortir, j'attends qu'on m'appelle, et encore ! À la fois j'y suis bien et en même temps je m'ennuie... »
>
> Ces quelques propos d'Igor reflètent son sentiment étrange d'être chez lui comme un hôte de passage qui se refuse pourtant à n'être que de passage. Il se sent prisonnier dans un lieu qu'il n'a pas plus envie d'habiter que de quitter. Il se rendra compte que, au contraire du ventre maternel, il n'est pas obligé de quitter la maison familiale pour se sentir bien. En fait, Igor associait inconsciemment la maison familiale au ventre maternel. Elle évoquait en lui ce sentiment de fusion éternelle qu'il avait connu avant sa naissance. Quitter la maison familiale revenait alors pour lui à laisser un autre prendre sa place dans le ventre de sa mère.

C'est cette première place occupée, plus que sa mère, que le fils peine à quitter. Au père d'accepter, comme nous l'avons évoqué précédemment, de l'aider à s'extirper du ventre maternel.

À la future épouse de faire entendre que si, femme, elle est comme sa belle-mère, elle n'a ni n'est le même intérieur (intimité corporelle et psychique) ni le même sexe que celle-ci. Et de poursuivre le soutien inauguré par le père...

On peut se demander ici si, tout en retrouvant – à travers une femme dans laquelle il cherche la différence – la *maternité* commune à toutes les femmes, mais si difficile à accepter pour qui en est communément privé, ce n'est pas aussi son propre père qu'un homme cherche en elle.

Aimer la femme pourrait signifier cesser d'avoir peur de (ce que représente[1]) la mère en elle.

Le cadet

Un cadet échappe-t-il aux effets de l'exclusivité amoureuse maternelle ? Moins investi *en apparence*, se sent-il moins responsable du bonheur de celle qui l'a mis au monde[2] ? Il a confirmé sa mère mais ne l'a pas *créée*. Peut-être fantasme-t-il moins sa destruction s'il disparaît de son univers. En revanche, il est partagé entre les deux images données par sa mère. D'un côté, il y a cette femme, qui est un peu sa sœur, et qu'il observe aux côtés de son père ou de son aîné. De l'autre, il y a la fille en elle, qui parfois s'agace de ne pas lui donner autant qu'à l'aîné. Le cadet aime sa mère sans toujours se sentir aimé en retour. Que l'aîné conserve l'exclusive lui serait dans certains cas favorable par contrecoup. Ce manque entretient le désir d'être aimé pour ce qu'il est et de partir à la conquête d'un objet qui satisfera (enfin) son désir.

De son côté, le fils dont la mère s'est servie comme d'un objet de valorisation narcissique a peur de la féminité. Ne doutant pas qu'elle existe puisque sans elle il ne serait pas en vie, il l'a intégrée par identification comme un *objet nié*. Impuissance sexuelle, angoisse de castration, crainte d'être *ravalé par le vagin maternel*, fantasme d'avoir à la sauver, idéalisation paralysante, adoration cannibale ou donjuanisme, toutes sortes de

---

1. Présente une nouvelle fois.
2. Et réciproquement, par identification.

sentiments le dépriment et l'oppriment. Tout comme la sensation d'avoir droit – ou pouvoir – de vie et de mort sur elle. Prétention mêlée de condescendance à l'égard des femmes, surévaluation, mépris, on connaît les effets pervers du machisme ordinaire. Ces derniers ne sont pas univoques. Ils peuvent se combattre ou se conforter mutuellement. Ils alimentent en tout cas le moteur d'un discours rationnel gentiment dominateur, plus ou moins élégant ou compatissant aussi longtemps que celui d'une femme ne le met pas en défaut en lui résistant.

Une coexistence enfin pacifique ?

Une fois les cartes bien redistribuées, la mère ne doute plus qu'elle a auprès de son fils de secrets privilèges que nul ne lui retirera jamais. Lorsqu'elle découvre que sa bru ne nourrit pas à son égard l'animosité qu'elle lui prêtait, elle accepte mieux que la jeune femme ait envie de garder *son* homme conquis de haute lutte.

De son côté, le fils qui a dû, nous l'avons vu, séparer le maternel du féminin, a-t-il vraiment envie que les deux femmes s'entendent bien ? Certains affirment leur volonté de pacification avec une telle ingénuité qu'on leur donnerait le bon Dieu sans confession. Mais une trop forte complicité des deux femmes de leur vie risquerait de les *ravaler* au rang de fils.

Un homme a besoin de *créer sa femme*, pourquoi pas en la rendant mère, mais il craint, sans toujours le manifester, qu'elle ne devienne *sa mère*. (Et les femmes sont habiles en la matière !) Les faire exister l'une et l'autre dans son cœur, sans les confondre est une façon d'en gagner une (la femme) sans perdre l'autre (la mère), tout en parvenant à s'extraire du maternel sans aussitôt y replonger.

Le fait qu'il soit « sorti » d'une femme qui l'a couvé et porté reste troublant pour un homme.

Mis au monde de l'enfance par sa mère, un fils résiste mal à la tentation de l'aider à venir au monde de l'adulte. Cette réponse spontanée, commandée par des motivations inconscientes, peut se concevoir si elle se déplace dans le cadre d'une relation conjugale : on voit ainsi certains hommes aider leur femme à devenir plus « femme », en les couvrant de cadeaux, en leur donnant des idées, en leur proposant des ouvertures sur le monde. Mais on peut émettre des réserves quant à cette tentation lorsque, arme de séduction, elle sert à entretenir la dépendance entre une mère et son fils qui voudrait la *façonner* comme elle-même l'a *fabriqué*. Tout en l'alimentant de ses conseils sans supporter qu'elle consulte un autre que lui !

Cette dépendance étant constitutive des relations entre le féminin et le masculin, rares sont ceux qui y échappent. L'expression artistique est une façon de la sublimer. La reconnaissance (*extérieure)* à laquelle participe la création aide le fils[1] à sortir du *ventre de la mère*.

Par ailleurs, on peut se demander si ce n'est pas cette dépendance, quand elle se fait infernale, qui motive l'envie masculine de se tourner vers un homme (de préférence à une femme), de crainte d'être renfermé (dans le ventre sa mère), condamné à ne pouvoir en sortir.

On peut comprendre aussi que lorsque rien ne le sollicite à l'extérieur, un fils[2] tourne en rond dans sa maison, oubliant la notion du temps, attendant que « ça passe », comme à l'affût du plaisir (coupable) de se retrouver à l'intérieur de son cocon premier, dans la perspective improbable d'une commande pour le forcer à sortir. C'est dans ces cas qu'intervient la psychanalyse pour réactiver le désir. Autrement dit, le mouvement vers l'extérieur...

---

1. Et pas seulement lui.
2. Voir l'exemple d'Igor plus haut.

10

Un deuil à faire de part et d'autre

« Quand son sang coule, mon sang souffre. »

Alfred de Vigny

Le deuil en fait commence dès la naissance sans qu'aucune mère ne s'y résigne, toute occasion étant bonne pour rentrer en possession de son fils, le récupérer, se le réapproprier, se rendre indispensable tant il lui est indispensable. Surtout chez celle qui fut privée de la jouissance de sa féminité. Pourtant vient le moment où la séparation est essentielle à la survie du fils, et où il ne peut plus illusionner sa mère en lui laissant croire qu'il ne peut se passer d'elle, s'il veut réussir l'existence à laquelle elle l'a convié.

Le temps de la douleur

À l'origine du deuil se trouve une douleur liée à l'impossible séparation[1]. En favoriser le travail, c'est d'abord accepter l'idée qu'il ait à se faire et le laisser suivre son cours en l'influençant le moins possible. C'est un processus, en partie inconscient, qui requiert à la fois du temps et de la patience et au cours duquel se succèdent des phases plus ou moins agréables ou pénibles, et parfois si insupportables qu'on voudrait en finir. En comprendre certains mécanismes permet d'anticiper la cruauté de certains de ses effets et évite que ceux de la violence ne sévissent.

Sortir du reproche

C'est d'abord à sa mère qu'un enfant adresse le *reproche* de ne pas avoir « tout ce dont il manque », comme si elle en était la seule responsable. C'est vers elle qu'il se *tourne* car c'est d'elle dont il se sent le plus *proche*. Et c'est en écho aux premiers instants où il était contre elle, tout « contre elle », que sa plainte file vers elle, dans l'espoir qu'elle mette un terme aux souffrances qu'engendre en même temps que la vie toute naissance.

« Maman pourquoi tu m'as fait comme ça[2] ? Je n'arriverai jamais à m'en sortir ».

La mère en effet est là pour favoriser le processus d'adaptation que représente la venue au monde. Mais avec le temps, le fils aura à prendre cons-

---

1. Voir la description de ce processus *in Couper le cordon, op. cit.*
2. Voir la chanson d'Alain Souchon : « Allô maman bobo, maman comment tu m'as fait j'suis pas beau ».

cience qu'elle n'est ni la seule responsable ni la seule à pourvoir à ses besoins[1].

D'une part, ce n'est pas en effet à elle seule qu'il doit la vie, mais aussi à un géniteur dont il a également hérité. D'autre part, il découvrira peu à peu que ce n'est pas elle qui fait ou défait la qualité de l'oxygène, qu'elle ne peut rien sur le climat ni sur l'écoulement du temps. À lui de prendre conscience de son corps. À lui d'apprendre à répondre à ses propres attentes. Mais comment renoncer aux plaisirs[2] liés à la maternité ? Comment renoncer à celle qui alimente espoir et illusion de vivre pour l'éternité ? Et dont la seule pensée ravive l'impression qu'un jour toutes les douleurs disparaîtront ?

Impossible d'oublier une mère, mais la vie force à modifier le lien qui nous rattache à elle. « Tout est à *cause* de ma mère » devrait laisser place progressivement à : « Ma mère ne cesse de *causer* en moi, c'est vrai, mais elle n'est pas (ni ne peut rester) *la cause* de tout. À moi de me "débrouiller" comme on débrouille un écheveau de laine... À moi d'élaguer la forêt, de tracer mon chemin et d'élucider ce qui trouble ma vision. À moi de ne pas transformer en *faute* – dont je la rendrais seule responsable – tout ce qui *cause* ma difficulté. »

---

1. Le processus est valable dans les deux sens : un enfant prend plus facilement conscience des limites de sa mère si de son côté elle cesse de se vivre toute-puissante et entièrement responsable des gestes de son fils. La soif de perfection projetée sur un enfant résulte d'un sentiment d'infériorité alimenté par une culpabilité transgénérationnelle qui se transmet à l'enfant en même temps que le désir qu'il réussisse et hypothèque sa réussite par-delà les apparences. Les failles dans la transmission de la vie et dans l'éducation, tout comme le sentiment de défaillance, agissent autant pour lui que pour elle. Quand le moindre défaut du fils est vécu comme un manquement de la mère, le moindre défaut de sa mère sera pour lui l'occasion d'être renvoyé à son insécurité première. Chacun a sa part à opérer dans le travail de deuil. La culpabilité dénature la sensation première de manque et rend toujours plus douloureux ce manque en compromettant les possibilités de le combler.
2. Les câlins, les cadeaux, les privilèges, la douceur, la tendresse...

© Groupe Eyrolles

Bien sûr, au fil du quotidien, ce problème est plus complexe. La difficulté de l'enfant, en matière de deuil, traduit autant celle qu'il perçoit chez sa mère que celle qu'il reçoit en héritage. Tandis qu'il devra assumer la responsabilité de la seconde en son nom propre, la première l'ébranle au plus profond de son intimité.

Autrement dit, un garçon[1] aura d'autant plus de difficultés à renoncer à son idéal enfantin que sa mère n'aura pas renoncé au sien.

Revivre l'accouchement

« Mon accouchement... », dit Augustin, trente-trois ans, en parlant de sa naissance.

Il se souvient de cet accouchement comme étant le sien, avec la sensation d'en avoir gardé l'empreinte, presque violente, à l'image d'un souvenir inconscient qui se diffuserait pour agir incognito dans chaque cellule de son corps.

De certains de ses rêves, il garde la sensation d'avoir « couché avec sa mère qui accouchait de lui sans pouvoir accoucher ». Il n'a ni l'impression d'avoir commis le moindre inceste ni le souvenir de plaisir lié à la sexualité. À cela se mêle l'idée troublante qu'elle lui ait mis des *couches*. La gêne qu'il en conçoit n'est pas du ressort de la honte. S'il s'acharne à comprendre ce qui s'est passé, c'est que cette empreinte est source de tourments qui semblent ne pas lui appartenir. Ils sont cependant l'occasion de fantasmes inquiétants qui l'obsèdent et d'une imagination qui entrave sa réalisation amoureuse et professionnelle. Il a besoin de voir clair, besoin de « ça voir » ce qui le freine. Un besoin de comprendre comme de *retourner* en elle[2], après *s'être tourné contre elle* pour comprendre ce qui s'est passé. C'est en se désolidarisant progressivement des fantasmes et de la souffrance maternels qu'il entre enfin

---

1. Ce problème apparaît de manière plus cruciale à l'adolescence, mais aussi longtemps qu'il n'a pas été résolu, il se pose tout au long de la vie.
2. C'est ce qu'il vit dans ses rêves nocturnes.

en contact avec ses propres perceptions. En effet, durant toute son enfance, il avait l'impression de ne « rien sentir » et ce n'est qu'aujourd'hui, à plus de trente ans, qu'il découvre son odorat et une sensibilité épidermique dont il avait été privé. Jusque-là, il observait le monde pour tenter de résoudre les problèmes de sa mère ou ceux des autres, aujourd'hui il prend espoir de résoudre les siens.

Une mémoire inconsciente d'événements familiaux dramatiques fait obstacle à la prise d'autonomie d'un garçon. Ici, pour Augustin, c'est la douleur parturiente de sa mère, alors exacerbée chez elle par la remontée de souvenirs ancestraux inconscients, et aussitôt étouffée – par esprit de survie – qui a pesé sur le bébé. À leur insu. Cette douleur excessive, inouïe, interdit à Augustin ses sensations. Peu à peu, il intègre *son* histoire et met des mots sur *son vécu*. Par là, il le sépare de celui de sa mère. Avec l'étrange impression de participer enfin à sa naissance, il extrait sa parole du silence imposé qui l'emprisonnait jusque-là. Les efforts produits aujourd'hui comblent dit-il ceux qu'ils n'avaient pu faire tant il avait été protégé[1] petit à la suite des complications liées à cette naissance.

Plus d'un homme a fantasmé « son » accouchement. Celui de sa mère, celui qu'il a vécu sans le vivre. Celui dont il se souvient sans s'en souvenir, celui dont son corps garde la mémoire sans le « ça voir ». Cet événement, qu'il ne peut pourtant ni vivre ni penser, le renvoie à un sentiment d'impuissance infinie susceptible de le rendre étranger ou imperméable à ce qu'il ressent tant le vécu maternel en cet instant prédomine sur ses propres perceptions alors marquées d'*interdit*. Ce qui se dit au moment d'une naissance se transmet au-delà des mots, et cet acte apparemment banal restera toujours singulier.

---

1. La protection d'un enfant agit aussi pour étouffer ce dont les adultes redoutent la révélation. Faisant prédominer leurs sentiments sur ceux de l'enfant qui se trouve « interdit » d'utiliser les moyens de son autonomie : ses propres sensations.

165

Lors d'une naissance fortement marquée par l'impensé généalogique et familial[1], cet impensé peut se matérialiser à travers un accident[2]. Des souvenirs de ce qu'il *a vécu sans le vivre* reviennent alors chez le jeune homme pour lui rappeler cette impuissance qui l'atteint en son essence – comme un défaut d'existence – sans pour autant se traduire toujours dans sa sexualité… La réactivation de ce sentiment premier d'impuissance nourrit l'impression de ne jamais pouvoir « s'en sortir » ou celle de ne « jamais pouvoir y arriver ». À cela s'ajoute le désir de tout laisser tomber et toutes sortes d'excuses pour se justifier.

La mémoire du fils est imprégnée de celle de sa mère, sans qu'il y ait accès. En effet, la plupart du temps, une mère préfère enfouir, taire, effacer ce qui l'agitait en cet instant et laisser entendre une fois le bébé arrivé que « tout s'est bien passé ». L'inconscient (du fils) enregistre avec justesse, en bon interprète : « Il y a un problème dont je ne peux parler, mais que j'aimerais que tu résolves à ma place… Préserve ma pudeur, crois-moi, je ne suis pas la seule responsable. »

Un fils reçoit ce message comme une injonction contradictoire à laquelle il ne peut répondre : « Tu dis que c'est pour notre bien que tu ne dis rien, mais comment veux-tu que je fasse ton bien, si tu ne me dis rien ? »

Ce sont pourtant les problèmes posés par cette contradiction qu'il est amené à résoudre pour accéder à son autonomie. Tandis que, de son côté, la mère, qui a dissimulé la vérité pour des raisons liées à sa survie[3], devrait pouvoir accepter de renoncer à son idéal enfantin[4] afin d'admettre une

---

1. Voir note de bas de page n° 2, p. 43.
2. Accouchement douloureux, césarienne, deuil précédant la venue d'un enfant, forment un nœud qui rappelle l'impensable aussi longtemps qu'il n'a pas été dissous (c'est-à-dire résolu par l'analyse).
3. Par exemple, une mère victime d'inceste dans son enfance a peur de mourir ou de perdre son enfant en révélant son secret.
4. Son idéal d'enfant et son idéal de fils.

part de cette vérité qu'elle lui demande inconsciemment de découvrir… Comme si elle lui demandait de se prendre en charge pour la prendre en charge et la décharger du poids de cette inconsciente et sourde culpabilité. Ce qui ne peut se faire sans heurt ni douleur.

« Je ne suis pas coupable… Je suis plus faible qu'on ne le croit. Ma toute-puissance n'est qu'une manifestation (cruelle) de ce sentiment d'impuissance que je t'ai (aussi) transmis. Pourtant, j'attends de toi que ta toute-puissance me délivre de cette impuissance à mieux… vivre, aimer, faire, agir… » Nombreuses sont les mères qui se tourmentent ainsi.

Le retour à l'enfance

On l'a vu, une mère qui a peur de perdre son fils lui communique cette peur et rend le détachement de part et d'autre toujours plus problématique[1].

« Que vais-je devenir ? Je ne sais plus occuper mes journées. Je ne sais pas où aller. Je n'ai rien à faire. Une barrière, oui, c'est une barrière qui se dresse devant moi. Un rien, le néant. Aucune route. »

Marilou supporte mal que son fils de vingt-huit ans vole sans elle de ses propres ailes. Elle a pourtant tout misé sur la réussite d'Hector depuis l'instant de sa conception. Gentleman courtisé, il est en passe de devenir le chirurgien de ses rêves d'enfance. Mais au bonheur maternel de la réussite se mêle la nostalgie d'une enfance perdue. Si Marilou a pu vivre par procuration les premiers succès d'Hector et en tirer fierté comme s'ils étaient les siens, aujourd'hui elle n'en perçoit plus les avantages. La voilà replongée dans sa propre enfance. L'inactivité dans laquelle elle s'enlise la renvoie à un infini sentiment

---

1. Le fils pouvant de son côté jouer de cette peur en prenant des risques insensés ou au contraire en se plongeant dans l'apathie.

d'impuissance[1]. Son ambition contrariée reste intacte : elle réagit mal à tout ce qui lui résiste. Marilou est comme happée par l'impossibilité d'être qui elle n'a pas été. Petite fille, elle était animée du désir de faire de brillantes études pour plaire à un père absent. Elle revit cette période de sa vie. Elle n'a ainsi qu'une idée en tête : plaire à son fils, le rattraper, rester la plus belle pour lui. Ses fantasmes de fillette ressurgissent : comment rester le centre d'intérêt privilégié de sa mère ? Comment à partir de là conquérir son père ? Déçue de ne pas avoir été une attraction suffisante pour le retenir aux côtés de sa mère, elle s'est sentie annihilée vers douze ans lorsqu'il a quitté le domicile familial. L'annonce du départ définitif de son fils la renvoie à ses années de tristesse. Les limites face auxquelles elle se retrouve aujourd'hui ravivent celles de jadis et raniment en elle la rage de l'enfant déçue. Elle aspire inconsciemment à séduire son fils comme s'il était son père et redevient face à lui la fillette insatisfaite et intransigeante qu'elle refuse de voir abandonnée. Le passé se confond avec le présent et le rêve avec la réalité ; elle est dans l'illusion de cette enfance à laquelle elle n'a pas su renoncer. Seul *l'espoir désespéré* – et violent pour lui – que son fils l'entende et l'aide à « en sortir » l'anime, quand l'ennui d'aujourd'hui la replonge dans celui d'hier. Petite fille éperdue, elle modifie son comportement, adopte des tenues et un vocabulaire adolescents, emprunte un discours révolté et demande à son esthéticienne de faire des miracles avant d'avoir recours à la chirurgie esthétique…

« Ce que tu as fait, tu l'as fait à ma place parce que je voulais que tu le fasses comme j'aurais voulu le faire, c'est comme si c'était moi qui l'avais fait à ta place. » Se dit Marilou en pensant à Hector, qui est devenu le médecin qu'elle avait souhaité être.

Hector est un prolongement d'elle. Comment se le réapproprier ? Il a fait ce qu'elle aurait voulu faire (à sa place). La perspective qu'il « la quitte[2] » la renvoie aussitôt à la réalité de n'être *rien* ou *pas assez*, de

---

1. Celui, on vient de le voir, que toute mère transmet à son fils en lui demandant de l'en délivrer.
2. Cette place à laquelle elle se sent si bien à travers lui.

n'être qu'un *rien* qui ne sait *rien* faire. Et le fantasme qu'elle puisse en rajeunissant rester importante à ses yeux lui donne l'illusion qu'elle ne peut vivre sinon elle en lui ou lui en elle. Tandis que de le voir partir et de s'apercevoir qu'il n'a plus besoin de ses soins lui communique une sensation vertigineuse d'inutilité.

C'est pour ne pas cesser de croire qu'elle et lui ne font qu'un qu'elle s'emploie à le retenir. Elle en a besoin pour alimenter en elle la croyance erronée mais séduisante que c'est bien elle qui a réalisé les études auxquelles elle l'avait (comme elle se croyait être) destiné. Selon cette logique maternelle, mère et fils sont interchangeables et identiques et peuvent agir l'un à la place de l'autre.

Le paradoxe tient en ceci que le fils rappelle sa mère à l'enfance, en ravivant le souvenir émotionnel de ce dont elle a manqué, au moment où elle doit l'encourager à sortir de sa propre enfance.

Il s'agit du côté du fils de cesser de rendre sa mère à la fois responsable de son malheur et indispensable à la résolution de celui-ci. Du côté de la mère, de le laisser partir sans plus attendre qu'il répare les lésions occasionnées par le *manque originel*.

Entre l'un et l'autre, selon les uns et les autres, complexe d'Œdipe et de castration, complexe d'infériorité et de supériorité, complexe de Jocaste aussi, s'entremêlent et entrelacent les peines et les chagrins et de l'un et de l'autre. Ce maintien de la confusion (des sentiments) interdit la différenciation. À chacun de dénouer la part qui lui revient pour acquérir sa liberté en cessant de l'attacher à celle de l'autre.

Pour le fils, il s'agit de sortir de l'enfance. Pour la mère, de le laisser sortir et ce pari sera d'autant plus éprouvant qu'elle aura elle-même été maintenue enfermée dans son enfance. La sensation d'être enfermée peut être produite et se traduire de différentes façons : par une pure interdiction de sortie bien sûr qui induit par la suite un sentiment de paralysie, dès qu'il s'agit de répondre à une invitation ; mais aussi par des interdits tacites de se faire plaisir, des pressions invisibles ou une éducation extrêmement rigide et frustrante déguisée en un séduisant ascétisme. Disputes et scènes de ménage entre mère et fils sont la trace perceptible de déchirures occasionnées par une impossibilité aussi forte que la nécessité de se séparer pour *exister*.

Tout deuil renvoie à ces instants premiers de la vie que figure une naissance.

Est-ce ma mère qui hésitait à me laisser sortir ? Est-ce moi qui ne le voulais pas ou qui n'y arrivais pas ? La réponse diffère selon chaque destinée. Mais il s'agit dans tous les cas de « le vouloir quand même » et pour cela de s'autoriser à être soi-même.

Complexe de Jocaste

Le complexe de Jocaste désigne la pulsion amoureuse de la mère envers son fils. Il est le pendant du complexe d'Œdipe. Cela va de l'amour maternel à la jalousie incestueuse de la mère envers son fils ou même sa fille. Il s'agit de mettre en évidence le rôle actif de la mère dans le mécanisme de l'Œdipe. Ce rôle n'était pas pris en compte explicitement dans les premiers temps de la psychanalyse. Jocaste était la mère d'Œdipe. Elle l'a épousé en secondes noces, sans imaginer alors qu'il était son fils, puisqu'elle l'avait abandonné à la naissance. Œdipe pour sa part ignorait qu'elle était sa mère. Ils ont eu ensemble deux filles et deux garçons.

La mère morte

Derrière l'amour d'un fils pour sa mère, pointe presque toujours un sens du devoir qui le freine dans son élan. Il a pourtant besoin de prendre le large.

Comment se séparer alors d'une mère dont rien ne nous sépare ?

170

Faut-il la tuer ou la laisser mourir ?

Tout enfant, fille ou garçon, peut être mandaté par une mère mélancolique ou frustrée pour lui faire oublier sa dépression ou la lui rendre plus douce. Cette femme en quête de sa féminité ou de cette virilité dont elle a toujours été dépourvue, attend de lui qu'il la sorte de l'ombre. Quand c'est au garçon qu'échoie ce rôle de briller pour faire vivre sa mère à l'extérieur, il tente de lui procurer ce qui lui manque parce que lui-même finit par en éprouver le besoin comme s'il était le sien. Rendre une mère heureuse, lui fournir ce qu'elle n'a pas lui devient vital. Mais cette mission en apparence moins inconfortable pour lui que pour une fille l'enchaîne. En effet une mère qui ne s'exprime qu'à travers une plainte dont elle le persuade que lui seul peut y mettre fin le condamne à un sentiment d'impuissance : avoir à prouver l'existence de sa mère l'entrave dans la sienne.

Se sentir indispensable et participer au bonheur du sexe opposé est flatteur. Fournir à une mère ce qu'elle n'a pas le confirme en apparence dans sa virilité. Mais, outre la connotation incestueuse que ce mode compensatoire confère à la relation, la vie commande qu'un garçon ne retourne pas là d'où il vient mais qu'il aille vers son destin.

Ainsi Charles qui entretient Martine financièrement depuis qu'il gagne sa vie se sent-il épuisé par la plainte maternelle. La maison qu'il lui a offerte n'est toujours pas assez grande. Les cures thermales ne la soulagent pas de ses rhumatismes... Il a beau lui donner sans compter ni monnayer son amour, sa mère reste souffrante et le lui fait savoir par courrier, téléphone et e-mails. Même les amis sont mis à contribution pour le rappeler à son devoir. Sentir que seule sa présence apaise sa mère lui communique un sentiment de rage et d'injustice. Cependant, il n'ose exprimer ce sentiment de crainte de la blesser. Il n'a trouvé qu'une échappatoire : la boisson.

En aidant sa mère, Charles cherche à la satisfaire pour la rendre « suffisamment bonne[1] ». Il a soif de courir vers son destin. Mais sitôt qu'il se sent libre d'aimer, elle le récupère en accentuant sa plainte, et dès qu'il exprime un plaisir, elle s'arrange pour jouir des retombées de ce plaisir.

« Ma mère, où que je sois, elle m'appelle… Parfois c'est la haine qui me pousse à aller la retrouver… Si je ne fais pas ce qu'elle me dit, elle me tue… Et rien que l'idée de me voir mourir, ça la tue ! »

Comment vivre avec la hantise d'être tué par sa mère et de la tuer ? Comment y réchapper quand on ne peut que s'y soumettre pour survivre alors qu'elle empêche de vivre ?

Quand Martine exerce ses représailles en ne lui répondant pas au téléphone ou en favorisant un autre enfant, Charles a l'impression qu'elle lui coupe les vivres. Il perd ses moyens. Et alors qu'il accourt vers elle pour assouvir les besoins maternels, il néglige les siens.

De quelle façon résister à une mère sans l'outrager quand elle se montre vulnérable ?

C'est pour lui arracher sa vie qu'un fils est tenté de « tuer la mère ». Éteindre en lui les feux de la passion qu'elle a allumés, effacer son empreinte, en forclore le souvenir est alors sa seule issue de secours.

Quand une mère (nocive) n'a pas su se mettre en retrait ni faire taire ses tourments pour laisser à son fils le temps et le droit de respirer hors d'elle, il est tenté de la faire disparaître de son univers, pour ne pas succomber à l'étouffement.

---

1. L'expression « good enough » est de Winnicott. Ici, on peut l'entendre comme désignant une mère qui fasse preuve d'une certaine pudeur pour ne pas imposer sa propre intimité ni ses besoins à son fils, et ne fasse pas non plus intrusion dans la sexualité de l'enfant.

> Quand, à chacun des déplacements de Charles, Martine hurle qu'elle vit le
> martyre dans ses chairs, c'est dans celles de son fils que résonne la douleur
> maternelle. Il ne reste à celui-ci qu'à s'arracher pour vivre, quitte à la laisser
> périr !

La peur de tuer sa mère en empêche plus d'un de partir. Certains défient cette peur et rayent, le temps nécessaire, l'image maternelle de leur univers. Sans porter atteinte directement à leur mère, ils tuent pour ainsi son image. Tentative désespérée de mettre fin à un partenariat érotique inauguré à la naissance du fils[1], c'est leur ultime recours pour atténuer cette fusion qui fait retentir dans leur corps l'écho de la passion maternelle.

> Pierre se sent désarmé quand une Fiona minaudante l'entraîne à regretter le
> temps d'avant en lui reprochant de ne plus être son mignon petit bébé. Pour lui
> comme pour Charles, l'amour premier dont il fut l'objet devient insoutenable. Il
> ne se passe pas de journée sans que sa mère l'appelle, au moins trois fois,
> pour lui faire grief de ne pas l'avoir appelée ! Gémissante, elle se lamente de
> ses absences, se laisse couler dans la misère financière pour justifier sa misère
> affective et le persuade qu'il en est la cause, alors qu'il commence à peine à
> gagner sa vie.
>
> Il ne peut que devenir sourd à la plainte maternelle le temps de gagner en
> force. Sa seule ressource est de s'éloigner sans dire où il réside. Il lui faut
> accepter l'éventualité de ne plus être aimé de sa mère et surmonter la hantise
> de disparaître en même temps qu'elle... C'est pourtant sa planche de salut.
> L'amour qu'elle lui porte l'épuise et lui renvoie une image dégradante. La sem-
> piternelle insatisfaction de Fiona alimente en lui un sentiment d'impuissance.
> Il ne se sent plus bon pour elle et rêve de la supprimer. Il est furieux qu'elle
> ne se montre pas plus compréhensive...

---

1. *Les Mères juives n'existent pas*, op. cit., page 204.

Comment devenir bon soi-même quand on n'a pas une bonne mère ?

Comment ne plus penser à elle, ni être réceptif à ses menaces ? Par quels moyens fuir la haine qu'elle inspire ? Elle le lui a dit plusieurs fois : « Si tu pars, je meurs. Si tu me quittes, tu me tues… » Les mots en lui résonnent fort. Sa crainte d'avoir envie de la tuer le contraint à la tuer symboliquement[1]. La distance est la seule solution.

Bien sûr, Fiona survivra à son départ, dans les bras d'un amant plus jeune que lui. Il ne l'apprendra qu'une fois sa blessure narcissique cicatrisée. Sauvé, il se dit que sa mère n'était pas si mauvaise puisqu'il a pu se réaliser sans devenir meurtrier ! Il pourra de nouveau l'idéaliser.

Babar n'est pas barbare…

Aussi naïf qu'il paraisse à certains, c'est dans sa portée symbolique que l'exemple de Babar continue à séduire non seulement les enfants mais aussi l'inconscient des parents qui en achètent les livres. Le succès de cette histoire qui se poursuit sur plusieurs générations commence de façon tragique par la mort scandaleuse de la mère du petit éléphanteau livré à lui-même en pleine nature sauvage. En général, à cet instant, le petit garçon à qui l'on raconte l'histoire est triste mais oublie vite son chagrin tant il est attiré par la suite des aventures.

On pleure une mère morte, surtout si elle a été tuée par un vilain chasseur[2]. Mais les chagrins font partie de la vie… Une fois les larmes écoulées, le petit garçon est obligé de se donner des armes et de se servir de celles que

---

1. Ainsi le poète Rainer Maria Rilke, qui ne supportait pas sa mère, après avoir changé de prénom, s'est récréé une mère en la personne de Lou Andréas-Salomé. Il disait d'elle « Toi seule est réelle. » « Dieu le sait, ton âme était si véritablement la porte par laquelle seulement j'accédais au plein jour. » *Mère, mon beau souci*, Nathalie Kaufmann, Les Belles Lettres.
2. Ici, on peut voir une métaphore du père : ce vilain homme qui prend la mère et laisse l'enfant se débrouiller seul.

la nature lui a offertes pour conquérir d'autres dames. Y prenant plaisir bien sûr, si la mère sait s'effacer[1].

Babar ne fut pas mortifié par la disparition de sa mère, mais se développa de manière remarquable. C'est ce que l'on peut souhaiter de mieux à tout fils. Non pas de perdre sa mère, mais d'opérer un détachement symbolique qui, nonobstant le chagrin, autorise une séparation aussi saine que possible. En effet, oser partir à l'aventure, avoir le bonheur d'être accueilli par une mère transitionnelle qui aide à découvrir le monde et rencontrer ensuite une femme que l'on rendra mère à son tour sont bien les premières marques d'un sain détachement. Que vient confirmer la satisfaction d'exercer une profession qui offre l'impression à peine illusoire d'être roi en son territoire, car elle permet d'exercer une part de ce pouvoir dont aucun homme ne saurait se passer. Il est en effet vital à son développement que sa mère se laisse oublier pour qu'un fils parvienne à l'oublier.

Après avoir découvert le vaste monde et ses étrangetés en compagnie de la vieille dame qui l'initie aux difficultés de la vie[2], Babar peut revenir parmi les siens conquérir le cœur de Céleste. Devenu père d'une progéniture qui préfigure l'avenir[3], il est en outre roi dans son pays. Parions qu'il entretient désormais dans son cœur les meilleurs rapports avec sa

---

1. L'effacement ici signifie une mort symbolique après laquelle on renaît mieux armé. Il signifie aussi que l'enfant doit se construire sans sa mère quand bien même à la disparition de celle-ci il a la sensation de mourir. C'est cette impression qu'il doit apprendre à surmonter et à dépasser. Mais sa difficulté à le faire lui donne envie de retourner dans le giron maternel car quand sa mère vit pour un(e) autre, l'enfant a l'impression qu'elle n'existe plus pour lui.
2. On peut voir ici un substitut maternel qui s'interdit de séduire l'enfant pour le guider dans ses apprentissages et ses premiers pas face à l'adversité.
3. Il n'est pas question ici de faire l'apologie de la famille comme idéal d'existence pour tous mais de souligner les bienfaits d'une projection dans l'avenir et d'un lien d'appartenance à une communauté. Une œuvre créatrice recouvre la même valeur.

mère ! Celle-ci, de son côté, pas si malheureuse « qu'un chasseur l'ait tirée », amusée d'avoir laissé croire qu'elle avait disparu avec ses charmes ensorcelants, le temps que son fils construise sa vie, *tire* sans doute fierté de la réussite de celui-ci.

Ainsi un fils peut-il procurer (quand même) un plaisir à sa mère sans se priver du sien. Mais à distance. Ce plaisir reste *asexué et donc chaste*. Par ailleurs, le plaisir de faire plaisir les entretient l'un et l'autre dans leur désir de se faire du bien.

Le poids de la plainte maternelle

Ces mères dont les fils éprouvent le besoin et la peur de les faire disparaître sont celles que l'on appelle communément castratrices : elles interdisent tout plaisir qui ne leur est pas destiné.

Il reviendrait aux fils de cesser de les rendre castratrices en partant – malgré elles – se mesurer à d'autres mâles. *S'efforcer de s'extraire de sa mère* sans lui laisser le droit de ravaler ce fils qu'elle a eu tant de mal à mettre au monde est une façon d'honorer la maternité. C'est aussi l'aider à sortir de sa *toute-puissance* que de se prendre en charge en arrêtant de jouir du souci qu'on lui procure[1]. Enfin, c'est une façon de ne pas la rendre *criminelle* que de ne pas lui laisser droit de vie et de mort sur soi, une fois la majorité passée.

La souffrance indicible d'une mère qui ne parvient pas à laisser son fils sortir (d'elle), car elle ne se sent bien qu'auprès de lui, est réelle mais ravageuse. Cette douleur qui ne sait se dire qu'à travers la plainte, faute d'avoir été entendue dans l'enfance, est celle à qui l'oreille psychanalytique permet de s'écouler en confiance à défaut de tout à fait se tarir.

---

1. Soulignons au passage le jeu de mots : des sous si… tu en veux, des soucis… tu en veux…

Tandis que la crainte insensée d'être à l'origine de la mort de sa mère est motivée par l'impensé généalogique qui parcourt la relation, la surmonter est une façon de se (re) donner vie quand rien ne saurait apaiser celle qui entretient sa plainte pour différer à jamais le départ de son fils[1].

Le temps des retrouvailles ?

Le choix de ce terme est à entendre comme une invitation à favoriser la séparation. Principalement parce qu'elle permet en retour d'instaurer une nouvelle relation par-delà les épreuves et les difficultés.

Le temps des retrouvailles ne correspond pas à un âge précis, mais à un moment de l'histoire personnelle quand l'inquiétude s'estompe au profit de sensations d'apaisement, de plénitude, de confiance et d'attendrissement réciproques et parfois amusés. Le dialogue s'établit (à distance) entre deux identités distinctes qui disent *je* sans que l'une ne se sente aussitôt menacée de disparition ou ébranlée dans son intégrité par l'autre. De fait, le fils ne se sent plus inquiété dans sa prise d'indépendance par l'appréhension que sa mère lui coupe les ailes. Elle-même ne joue plus de la vulnérabilité[2] de son fils comme d'un instrument de musique.

Si elle a su faire taire son inquiétude et le laisser vivre *loin d'elle*, c'est aussi parce qu'elle l'a *senti viable*. La partition se joue en effet à deux et les efforts et les progrès sont à fournir des deux côtés. C'est pourquoi le processus de deuil est si long. Il implique que la mère se mette en retrait sans pour autant se renier. Et qu'elle prenne plaisir à le voir vivre *hors*

---

1. Ici soulignons que « partir » en français peut être synonyme de « mourir ». En termes de pathologie, laisser partir, c'est aussi courir le risque de laisser mourir... Mais en termes de santé, laisser partir c'est surmonter la peur de mourir... pour mieux vivre.
2. Par la privation de plaisirs liés à la maternité ou autres brimades vexatoires.

d'elle sans qu'il en éprouve trop de culpabilité. Le plaisir, alors communicatif, est moteur : qu'il en procure à une (ou un) autre[1] n'est plus un affront pour elle. Il s'autorise alors à le vivre, sans s'obstiner davantage à monopoliser le cœur maternel, à défaut de pouvoir encore occuper tout entier le ventre de sa mère. Tandis qu'il prend l'air et qu'elle recouvre sa liberté, ni l'un ni l'autre n'en sont plus dramatiquement affectés.

L'angoisse de la disparition d'une mère, dont l'existence semble aussi indispensable que sa présence est insupportable, n'est plus en rivalité avec celle d'être la *cause* de cette disparition. La peur d'être rejeté ou d'être récupéré n'agit plus avec la même violence.

Le fils en effet se sent suffisamment exister *à l'extérieur* pour ne plus se soumettre aux peurs inouïes que sa mère *réveille*. L'exigence perd de sa cruauté. C'est le temps des amours pacifiées, du ré-accord sur une autre longueur d'ondes de ce lien par essence paradoxal puisqu'en même temps qu'il se tisse, il implique pour chacun la disparition progressive de celui qui lui est indispensable.

La liberté reconquise a un goût particulier. Celle d'une mère complétée et rassurée n'est pas celle d'une jeune fille portée par son insécurité autant que par son désir. C'est le temps de l'indulgence, durant lequel même la distance géographique n'est plus synonyme ni de fossé vertigineux dans lequel on craint de s'effondrer ni de fortification que l'on rêve de dresser pour enfin (se) décoller.

Un mot *malentendu* ne suffit pas à froisser. Le temps a fait son travail, on se téléphone, on se vexe moins, on s'accepte. Quand l'existence a fait ses preuves, celle du fils suffit à combler la mère dont la présence bien intégrée le rassérène.

---

1. Qui de son côté doit se sentir suffisamment conquis pour laisser son homme retourner vers sa mère sans que cela ne mette leur union en péril.

Le tableau bien sûr est plus idyllique que la réalité, mais le dresser laisse entrevoir ce qui se trame si mère et fils sont animés du désir commun de tirer le meilleur parti de ce que chacun s'est apporté.

Si, à ses heures perdues, une mère souffre toujours d'être un peu *morte* pour son fils, elle redécouvre cependant la vie en dehors de lui. Après avoir été mise à mal par l'agitation soulevée dans son cœur par son départ, vient le temps pour elle – à plus ou moins longue échéance – de se réconcilier avec la figure du garçon.

Plus sereine mais aussi plus froide, elle garde bien souvent une blessure secrète. Celle de *l'objet à jamais perdu*. Le bonheur de l'avoir (enfin) trouvé aussitôt chahuté par la sensation de le perdre au fur et à mesure que le fils s'éloigne a laissé comme une invisible cicatrice. L'empreinte d'une nostalgie douce-amère s'insinue dans cette indulgence maternelle caractéristique qui survit à cette séparation et dont le fils garde... le bénéfice[1].

Encore faut-il que l'un et l'autre aient survécu au retour du refoulé occasionné par ce changement de configuration.

Durant la période précédente, la mère n'a vu en lui que le mauvais garçon de son enfance. Elle a projeté sur lui le contraire du père idéal, c'est-à-dire le père exécrable qui après avoir rendu la fille mère l'a rejetée en la disant insuffisante. Elle y a rencontré aussi l'homme en puissance qu'elle redoute ; celui qui a blessé sa mère, le symbole de la violence. Le guerrier dominateur que l'on dit pacifiste. Elle a vu resurgir à travers lui tout ce qui la rappelait à sa culpabilité de n'être *pas assez*. Le frère préféré par sa mère ou celui qui lui avait piqué la place, et tout ce qui relance en elle l'insupportable sensation de manque. Le dépit amoureux fait honnir celui-là même qu'on a le mieux aimé car il fut le porteur de notre plus grande espérance. Mais dans le meilleur des cas, la mère ne doute plus

---

1. Soulignons ici la confusion des sens et de sons : bénéfice, béné fils, bébé fils et benêt fils.

que son fils sera toujours son fils – ce qui est pour elle la marque d'un avantage sur sa bru qui ne sera jamais sûre de le garder à vie. Partant, elle ne doute plus non plus qu'elle a tout à gagner à bien encourager sa progéniture.

Le fils, de son côté, doit aussi accomplir sa part du travail de deuil. Il a à résister aux assauts maternels, aussi bien à ceux qui viennent de sa mère qu'à ceux qui surgissent du côté de sa femme. S'il est parvenu en outre à ne pas se laisser identifier aux fantômes qu'il ressuscitait, s'il a surmonté la tentation de rester accroché à sa place d'enfant tel au ventre de sa mère, s'il a su écouter son désir sans sacrifier sa femme, la relation peut se conjuguer sur un autre mode.

Concilier l'inconciliable ?

Une relation passionnelle par essence

Pour une fille, aller à la rencontre de l'amour, c'est aller à la rencontre de l'autre (le sexe mâle), dans les bras duquel elle peut oublier sa mère et se découvrir différente. Tandis qu'un garçon, nous l'avons vu, se retrouve dans des bras (féminins) qui n'ont de cesse de lui rappeler celle dont il est appelé à se séparer. Toute femme le renvoie à sa mère et à son enfantine réalité.

Le sentiment maternel de *manque* qui alimente la passion entre une mère et son fils est des plus déroutants pour un enfant. C'est lorsqu'il lui pèse qu'il est tenté de faire porter à sa mère toutes les *fautes* du monde, *faute* de pouvoir réparer ce dont elle a *manqué*. Quand une mère incapable de faire le deuil de ses souffrances enfantines reste en quête de l'objet perdu[1], il revient au fils de s'extraire de cette culpabilité pathogène qui

---

1. Voir le paragraphe « Le temps des retrouvailles », chapitre 10.

les soude. C'est à cette condition qu'il pourra devenir père de *ses* enfants en cessant d'attendre de sa femme qu'elle remplace sa mère auprès de lui[1]. À lui de devenir homme auprès de cette femme, quelle que fut et quelle que soit sa mère.

Rien ne justifie qu'un fils se sacrifie à sa mère. D'autant plus que, *se sacrifiant à elle, il la condamnerait au désespoir de l'avoir perdu.* À lui de résister au chantage qu'exerce sur lui l'appréhension maternelle de le perdre. En se donnant les moyens de ne pas y céder, il se donne ceux d'exister et, ce faisant, de mieux aimer sa mère. Refuser le sacrifice est une façon de se sauver en refusant de l'identifier à une meurtrière potentielle.

« Je n'ai pas peur de la peur de ma mère, je cesse de me complaire dans l'appréhension, j'ose devenir autre pour exister et donner vie à mon tour. » Cette maxime, tout fils qui entend se séparer avec bonheur de sa mère, devrait se la répéter.

S'il est indéniable qu'une mère souffre en son cœur et en son âme lorsque son fils choisit l'*autre* (femme), elle se sent rassurée une fois qu'il a su créer une famille. La réussite d'un fils est un peu la sienne. Et la peur que, sans elle, il ne rate[2] sa vie (autrement dit qu'à sa façon il la condamne en trouvant la mort) laisse la place au plaisir de le voir, apaisée, accéder au succès. Elle ne se vit plus omnipotente. Elle n'est plus déchirée entre le désir et l'effroi. Elle ne se sent plus un droit de vie et de mort sur lui. Pas plus qu'elle ne continue d'être accablée par la responsabilité de le maintenir en vie. Il ne se sent plus menacé par sa peur. Il peut la retrouver débarrassé du sentiment de dépendre d'elle et d'elle seulement. L'impression que chacun de ses gestes est susceptible de mettre en péril l'avenir ou la santé de sa mère s'estompe. Leurs corps séparés, un espace se libère pour une reconnaissance réciproque. Le fis comprend qu'il a fait sa mère autant

---

1. Rainer Maria Rilke *in Mère, mon beau souci…* Nathalie Kaufmann, *op. cit.*
2. Ne la fasse manquer.

qu'elle lui a donné vie. Il ne lui est plus redevable. Il peut s'émanciper. Il n'est plus le seul porte-parole maternel mais a trouvé *sa voix*[1].

Non seulement il ne la perd pas mais il la découvre amicale. Il comprend qu'elle le comprend et qu'elle seule peut le comprendre. Il lui sait gré de le laisser aller, mieux armé pour revenir, tout en continuant à l'aimer autrement.

Se réconcilier avec sa mère est une façon de renoncer à confondre ses rêves et ses idéaux d'enfance avec la réalité.

« Je suis comme je suis avec ce que je ne suis pas… Je suis comme tu m'as fait et comme tu ne m'as pas fait… À moi de me faire à partir de ce dont je suis fait. » Voilà ce que peut se dire un fils prêt à s'affronter à sa propre destinée.

Accepter son fils c'est accepter *de n'être pas* et de *ne pas avoir été* (un garçon, un fils). C'est, d'une certaine façon, cesser de l'avoir pour le laisser agir avec son sexe.

À la colère puérile de ne pouvoir en être ou de ne pas en avoir assez qui déchaîne les foudres se substitue la satisfaction d'exister et d'en avoir, tout compte fait, assez.

Un deuil qui n'a pu se faire : Anton et Anaïs

On ne peut espérer gagner sans accepter l'idée de perdre et quand un fils engage son avenir auprès d'une *autre*, il lui faut renoncer en partie à sa mère.

---

1. Lamartine n'a eu de cesse de mêler la sienne à celle de sa mère. *Ibid*, page 181.

Si son désir l'emporte sur le devoir filial, la douleur s'estompe en même temps que la peur. Mais la souffrance qu'exprime sa mère de ne plus pouvoir jouir à travers lui du désir qu'elle a engendré, peut être pour lui l'occasion de véritables supplices : renforcé dans son narcissisme par l'intérêt qu'elle lui porte, il ne se sent pourtant pas libre d'aimer hors d'elle. Faire figure de mauvais garçon et laisser un souvenir amer derrière soi en sacrifiant les espoirs d'une mère hypothèque l'avenir.

Noémie est la troisième fiancée d'Anton. Il est sûr que « Cette fois-ci, c'est la bonne ! » La date du mariage est arrêtée. Sa mère, Anaïs, veuve depuis plus de vingt ans, semble accepter la jeune femme mieux que les précédentes. Les futurs époux lui ont offert le voyage pour qu'elle puisse assister à la noce. Mais deux jours avant celle-ci, Anton est appelé d'urgence au chevet d'Anaïs retrouvée inanimée. Le mariage est remis. Anaïs reprend connaissance et une belle vitalité, tandis qu'Anton épuisé n'a plus envie de se marier. Blessée, Anaïs est devenue blessante. Lésée de l'amour que son fils porte à *l'autre*, elle essaie de l'en dégoûter et le persuade que la *petite* Noémie n'est pas à la hauteur. Le flattant, elle reporte sur la jeune femme la colère qu'elle éprouve à l'égard de son fils. Tandis qu'il courait vers son avenir, elle avait l'impression de courir à sa perte... Maintenant qu'elle l'a reconquis, elle s'imagine jeune et invente une machine à remonter les ans... De nouveau, l'éternité lui appartient. Tiraillée entre haine et admiration, désir d'aimer et désir de détruire, de crainte de s'effondrer, elle ne se voit pas vivre sans l'appui de la jeunesse de son fils. Comment combattre un sentiment d'inutile féminité, la crainte fantasmatique de la décrépitude, de la déchéance annoncée ? Seul Anton lui donne du cœur au ventre. Il est à la fois le père et l'enfant, l'ami et l'ennemi – le diable et le bon Dieu – elle ne peut s'en passer. Source infinie de ses envies et cause éternelle de ses tourments, il est destiné à expier les failles narcissiques de la femme blessée, à compenser ses manques, en rehausser la fierté. Autrement dit, le voilà condamné à servir sa mère et à la laisser se draper des louanges qu'il se doit pour elle seule de recueillir...

Anaïs ne sait (qui) devenir sans lui. Sitôt qu'il disparaît, son idéal s'envole et lui dérobe ses rêves d'enfant. Elle n'est plus que blessures quand l'absence de son fils ravive tout à la fois le premier mari détesté, jaloux de sa mère, le frère qui lui a volé la place, le cousin dont elle chérissait l'amitié en douce, le grand-père à la mauvaise réputation pour qui, fillette, elle nourrissait une affection coupable. Mais aussi ce garçon de dix ans à qui elle n'a pas pardonné de lui avoir préféré sa meilleure amie, cet autre qu'elle a blessé d'une pierre et ce beau-frère qu'elle rêve encore de séduire à soixante-six ans alors qu'à l'âge de treize ans elle prétendait le haïr...

La présence d'Anton, même quand il est déprimé, anesthésie les douleurs du passé d'Anaïs. Il lui insuffle une énergie nouvelle extraordinaire. Son départ, à l'inverse, réveille une mémoire de fillette négligée aux effets dévastateurs. Présent, il est son unique calmant. Absent, il est son ennemi tout-puissant.

Conçu pour répondre aux besoins à jamais inassouvis d'une mère, Anton est aussi appelé à réhabiliter aux yeux de celle-ci l'image des hommes mise à mal dans leur famille depuis plusieurs générations. Mais l'existence ne s'accomplit pas par procuration et la mémoire inconsciente d'une femme blessée est trompeuse : cette mission dont il n'a pas connaissance le dépasse. Tantôt surhomme, tantôt nourrisson, il ne s'accorde pas le droit de s'affirmer en son nom *propre*. Faute d'avoir fait le deuil de son enfance, Anaïs ne peut lâcher son fils et le condamne en l'obligeant à satisfaire son désir.

Le besoin qu'éprouve Anaïs de se faire réparer par son fils se mêle à celui de se faire reconnaître comme une égale. Seulement, en tant que mère, elle ne sait que s'imposer *supérieure* et le couver comme un tout petit garçon que menace *l'autre* : la tigresse, la diablesse, la démoniaque Noémie.

Anton ne parvient pas à s'affirmer *autre que fils* ni à produire ses propres défenses. Il s'interdit l'accès à la virilité et à la part de violence qui lui est inhérente. La promesse de son départ déclenche le retour du refoulé maternel.

Quand l'émotion prend d'assaut le cœur d'une mère, celui du fils devient malgré lui le réceptacle impuissant de cette émotion qui le dépasse.

Les figures du passé resurgissent à travers des fantômes anonymes, pour la convaincre de haïr… C'est ainsi qu'elle se *sent exister* pour éviter *de se sentir dépérir*. Les images se bousculent, qui drainent des sentiments qu'elle n'est pas prête à admettre. Une simple évocation de promenade la menace de paralysie. L'annulation d'un rendez-vous la fait fondre en larmes. Elle redevient la petite fille privée d'avenir sitôt que son fils envisage le sien. Abandonnée à la mort de sa mère et ensuite par son mari, elle ne se supporte pas abandonnée par son fils. Sa colère surgit pour lutter contre la sensation d'être *enterrée comme sa mère*, que vient raviver l'idée d'être supplantée dans le cœur de son fils par une jeunette…

Anaïs, jusqu'au retour d'Anton, se sentait une moins que rien, déchue, en dessous de tout, au point de se laisser glisser sous le lit en perdant connaissance.

Comment lutter contre un sentiment d'abandon ravivé à l'infini[1] ? Après qu'Anton eut renoncé à son mariage, elle lui propose de s'engager à ses côtés dans l'humanitaire pour voler au secours des abandonnés. Mais elle devra se contenter de soigner la dépression de son fils, abandonné par Noémie.

Une mère mélancolique regrette toujours de ne plus séduire son fils… La crainte de la disparition (de celui-ci) la menace de la sienne et réveille l'enfant trahie, désespérée, en rage, prête à tout pour récupérer l'objet (perdu) de son désir, quitte à le condamner pour se sentir exister.

---

1. Abandon et sentiment d'abandon, www.psychanalyse-en-mouvement.net/articles. php?lng=fr&pg=8

Renvoyée à ses limites, à sa solitude, à sa dépression, celle qui n'a pu faire le deuil[1] de son enfance aura tendance (contre toute apparence) à entraver la croissance, physique ou psychique, de ses enfants. Une approche psychanalytique de sa dépendance lui permettra d'éviter d'être mortifère pour un fils dont elle souhaite le bonheur tout en étant incapable, seule, de ne pas l'entraver. Le départ d'un fils est un moment privilégié pour favoriser ce travail, grâce à la remontée des images de l'enfance qu'il induit. La traversée bien sûr en est douloureuse. Mais la remontée d'images *a priori* déplaisantes que l'on s'empresserait de refouler en temps ordinaire permet de les traiter, de les dissoudre et de s'en libérer.

L'enfant se sent alors autorisé à partir en bon égoïste sans que son énergie ne soit monopolisée par le besoin de *s'anesthésier* pour résister à la résistance de sa mère à son départ. Son égoïsme lui est nécessaire pour s'arracher.

Féminité blessée féminité blessante...

La femme diminuée durant son enfance dans sa féminité ou à cause de sa féminité, celle qui fut mutilée[2] ou qui vécut sa féminité comme une mutilation, celle qui fut tentée de la réprimer pour se faire reconnaître *au moins comme un garçon*, ressent avec fierté, on l'a vu, le sentiment d'avoir enfin le droit d'exister grâce à un fils et à travers lui. Mais le corrélatif de ce sentiment de fierté est l'angoisse d'être à nouveau niée sitôt qu'il s'éloigne ou s'intéresse à un ou une autre. Que rien ni personne ne vienne l'apaiser, sitôt seule, une mère se sent désemparée. Cette angoisse psycho-somatique la gouverne. Ne pouvant renoncer à celui qui ravive son désir, elle met tout en œuvre pour se le réserver et par conséquent le couper des

---

1. Il ne s'agit pas d'oublier à jamais son enfance ni de l'enterrer mais de renoncer à être l'enfant que l'on n'a pas été pour devenir le sujet actif de sa destinée.
2. Excision, par exemple.

autres. Privé du droit de vivre paisiblement en dehors d'elle, le fils la retrouve toujours en travers de sa route, le culpabilisant de ne plus penser à elle et à elle seulement.

L'anxiété fondamentale maternelle de celle qui a dû tout porter et a tout *su porter* seule – tout en feignant[1] de ne tirer que fierté d'un fils qui n'a de cesse de la tourmenter dans son inconscient – agit sur lui comme un instrument de torture qui s'exercerait par la douceur.

Si elle s'est vécue atteinte dans sa féminité par des hommes et par tout ce qui en prend le relais transférentiel, sans avoir le droit de faire part de ce sentiment, la mère aura tendance à renoncer à l'exprimer pour ne pas être ridiculisée, mais elle sera aussi encline à en encombrer son fils auprès de qui elle cherche consolation.

Le déni de la féminité s'impose aujourd'hui encore dans de nombreuses familles comme une vérité. La fille devenue mère est « réduite à sa maternité ». Comme si, soumise aux lois d'un héritage implicite, il lui était interdit d'accéder à la féminité selon ses propres critères, pour se plier aux diktats d'une société qui exige qu'elle soit non comme *elle se sent* mais comme *on la voudrait*. Une femme qui ne parvient pas à faire reconnaître la valeur de son plaisir ni à se l'autoriser, se vit comme *amputée* d'une partie d'elle-même à laquelle il lui est interdit d'accéder. Ne se supportant pas seule, elle se venge sur son fils.

Voué à la compléter, sitôt qu'il s'éloigne, elle se sent en insécurité[2]. Sitôt qu'il lui résiste, il lui rappelle le garçon en faveur duquel elle fut reniée ou le faux frère qu'elle rend responsable et accable de son malheur.

---

1. Elle-même portée par un sentiment de communauté.
2. L'insécurité fondamentale perdure de façon pathologique aussi longtemps que le sujet n'a pu produire ses propres défenses pour combler le sentiment de manque inhérent à toute naissance.

Être mandaté pour faire reconnaître sa mère par le genre masculin est une mission impossible. Un fils a besoin d'un modèle masculin pour accéder à sa virilité.

Ce n'est qu'en sortant de la « maison mère[1] » qu'une fille peut devenir femme et cesser de blesser son fils en lui reprochant de ne jamais être assez.

Une mère qui ne sait pas se résoudre à laisser son fils se réaliser hors d'elle le contraint en quelque sorte à ne pas faire le deuil de son enfance et à projeter sur chaque femme cette mère qui ne sait se faire oublier. N'ayant renoncé ni à son enfance ni à son enfant, elle lui communique son sentiment d'abandon. Il ne pourra se détacher d'elle sans l'impression mortifère de l'abandonner ou d'être abandonné.

Histoire de transmission

Quand l'impensé généalogique est trop puissant pour laisser place au présent de la vie, anges, fantômes et démons occupent les esprits et mobilisent les corps. C'est le passé enfoui qui se rejoue à la place du présent.

Une faute, un accident, un traumatisme, vécus au moment de la naissance ou transmis à travers les générations compromet ce travail de deuil.

« Moi, je suis sûr, c'est à cause de mes parents. De ma mère surtout. Avec elle, je comprends rien. Quand je la retrouve, j'ai l'impression d'être son Dieu, pourtant trois minutes après elle m'insupporte. Non, en vérité, je sens que c'est elle qui ne me supporte pas. Elle voudrait que je sois un autre, un autre que moi. Avec elle je me sens comme étranger à moi-même. Quand je parle, ça l'agace. Elle se raidit, comme si elle avait peur de moi. Moi, en

---

1. Et de la mélancolie maternelle.

fait, j'ai peur, je ne sais pas de quoi, mais c'est le poids de cette peur qui finit par me rendre coupable. Peur de la vie. J'ai toujours eu l'impression que c'était à cause d'elle. Qu'on m'avait caché quelque chose à la naissance. Dans tous les cas, je suis nié, je ne suis pas moi. Vous savez cette peur ? C'est de cette peur dont vous portez le poids. Cette peur, je sens bien que c'est celle de ma mère. Mais mon père, il n'est pas plus clair. Et moi quand je veux savoir, je sens que je les ennuie. Comme si je les insultais. Pourtant si je suis si obsédé par mes parents, je suis sûr que ce n'est pas pour rien. »

L'obsession dont parle ici François est souvent le signe d'une inquiétude parentale qui vient s'ajouter par transmission à l'inquiétude première, naturelle chez le tout petit, mais qui, exacerbée, compromet la possibilité d'un détachement paisible.

La mère de François, dont la propre mère a été violée quand elle était enfant, a gardé une crainte de l'homme. La conception de son fils ayant ravivé une douleur enfouie, elle a vécu la naissance du petit garçon dans l'angoisse que soit révélé ce souvenir traumatique. Craignant que la naissance *du mâle* ne révèle *ce mal* ou ne participe à le reproduire, elle n'a pas pu allaiter le bébé ni s'occuper de lui la première semaine. La culpabilité qu'elle a tenté de refouler dans l'espoir de se refaire une « virginité » s'est transmise à son fils. Sans objet apparent, elle vient perturber la conscience de François. Mère et fils restent liés l'un à l'autre à travers ce secret.

« Croire que ça n'a rien fait ? Non, c'est pas vrai. Mon père, c'est pareil, il fait comme si de rien n'était. Et moi, après, je fais pareil. Toujours comme si de rien n'était. Pourtant, tirer un coup, ce n'est pas rien, c'est comme à la chasse, parfois on peut tuer… »

François se « souvient sans se souvenir » de ce « coup tiré » dont a été victime sa grand-mère et que sa mère s'est appliquée à *enterrer*. Mais son inconscient en porte les stigmates. Il se sent nié car non informé par les *voix normales*[1]. Il porte le poids de la culpabilité maternelle et féminine. Et cette culpabilité l'empêche de se sentir en paix avec sa mère qui ne sait que nier ce qu'il cherche à lui (faire) dire :

« Mais non ! Tu te fais des idées… Il ne s'est rien passé, qu'est-ce que tu racontes ? Je t'ai toujours aimé… Je me suis toujours bien occupée de toi. »

Marthe s'empresse de changer de conversation et s'agace si son fils insiste. Plus elle s'agace et plus il se sent nié[2] comme l'est ce viol dont fut victime la grand-mère.

Jusque-là François, quarante ans bientôt, hanté par la culpabilité généalogique, n'a pu conserver ni relation amoureuse ni travail stable. Ses parents l'aident financièrement. Mais bien qu'il l'accepte, il se sent enchaîné par leur argent. C'est en fait la culpabilité intériorisée et entretenue par cet argent qui entrave François, jusqu'au jour où il parvient à utiliser l'argent pour arriver à ses fins. En arrêtant de se soumettre à « l'omerta maternelle », il répond à son désir de découvrir la vérité cachée qui l'empêche de faire face à ses propres difficultés[3]. Ce n'est qu'une fois résolu grâce au travail analytique le problème jusque-là insoluble que posait le secret qu'il pourra enfin s'engager dans une vie professionnelle et amoureuse, sans que l'image maternelle culpabilisante ne s'entremette dans ses relations.

---

1. Le refoulement ne suffit pas à interdire la transmission. Il aggrave le plus souvent les conséquences du refoulé. Tandis que la parole autorisée a valeur de norme car elle libère, autorise et émancipe.
2. Au passage, notons la parenté entre « nié » et « niais ». François, maintenu dans l'ignorance, luttera toute son enfance contre la sensation d'être « niais » et la nécessité de s'affirmer en prouvant qu'il ne l'est pas. C'est ce qui participe à son ardeur à découvrir la vérité.
3. S'il a fait une psychanalyse contre l'avis de ses parents, ils tireront par contrecoup bénéfice de l'émancipation de leur fils qui pourra enfin accéder à son propre désir sans les renvoyer à leur culpabilité.

C'est alors qu'il dira : « Mais en fait moi aussi j'ai fait… Et ce que j'ai fait, ce n'est pas rien. » Délesté du poids de la culpabilité, il peut se remémorer certaines de ses erreurs. Non seulement il n'est plus obsédé par sa mère ni par « *le mal* qu'elle lui a fait subir », mais il prend plaisir à se découvrir *mâle* à travers certains souvenirs qui lui donnent conscience de sa responsabilité dans la mésentente.

> Jusque-là, François cherchait à être le héros de sa mère tout en la rejetant. Comme Zorro, il volait toujours au secours des femmes. Mais le problème que lui posait son inconscient débordait sur ses relations et les rendait invivables.
>
> « En fait, je m'aperçois que moi aussi j'étais responsable, dit-il. C'est aussi à cause de moi que ça ne marchait pas. Mais avant, je ne pouvais pas le savoir. Je n'aurais pu l'imaginer. »

Marthe est apaisée par l'apaisement de son fils, mais il lui faudra du temps pour accepter l'idée qu'il puisse *aller mieux*. Comme si elle avait besoin du désarroi de François pour garder un lien avec ce souvenir malheureux, aussi longtemps qu'elle n'ose en considérer l'impact.

Elle a en effet gardé une image de l'homme dévalorisée par la violence subie par sa mère. Si elle s'est promis de ne pas en parler, pour épargner à son fils la souffrance qu'elle-même a subie à la découverte du « crime », elle lui a transmis cette souffrance par d'autres voies. Le fait qu'elle refuse de le reconnaître la maintient dans une dépendance à la faute qui alimente la douleur. Mais quand elle veut persuader François qu'il se fait des idées, sa culpabilité n'a plus de prise sur lui.

Et tandis qu'il *reste triste* de ne pas avoir eu droit à une mère qui l'accepte tel qu'il est, elle *reste une enfant* qui imagine la relation entre elle et lui telle qu'elle l'aurait voulue et non telle qu'elle est. En cela son fils se sent toujours *nié* auprès d'elle. Mais non plus *niais*.

Elle se réfugie dans ces rêves de perfection. Et en quête d'idéal réparateur passe son temps à se façonner *une image* physique qui entretienne l'illusion qu'aucun *mal n'a jamais eu lieu*. Ce qui donne à entendre que pour elle *aucun mâle n'est jamais passé*. Les massages, la chirurgie esthétique, les cures thermales, ne viendront pas à bout de sa mélancolie ni ne lui permettront de retrouver ce que la vérité cachée lui a volé.

Mère et fils restent chacun de leur côté et pourtant « comme un ». Elle avec son ancienne douleur, à laquelle elle reste attachée de peur de le perdre tout en la perdant. Lui avec sa douleur contemporaine : s'il a fait un premier pas, il ne parvient pas à se résoudre à ce qu'elle n'entende pas « sa vérité à lui ». Il souhaiterait voir sa mère différente de ce qu'elle est. Il lui faudra du temps pour arriver à faire ce deuil de l'idéal maternel dont il s'est senti expulsé – et pas seulement lors de sa naissance. Le travail entrepris lui a permis un premier détachement. Il lui reste à venir à bout de sa colère et à apprendre à sublimer la violence[1] dont il se sert encore pour s'arracher de sa mère. La diminution de la culpabilité est cependant un premier pas essentiel pour une libération ultérieure.

L'impossible séparation

Il est toujours douloureux de se séparer d'une mère. Qu'elle laisse dans l'insatisfaction entrave l'acquisition de l'autonomie. Qu'elle autorise la satisfaction et évite la frustration habitue au plaisir. Le manque est nécessaire pour réactiver le désir et pousser le fils à l'extérieur, mais son excès est un handicap laborieux à compenser.

Le processus de détachement peut s'avérer intolérable quand son accomplissement demande des efforts que l'histoire familiale a rendus insur-

---

1. Par les arts, les arts martiaux, la réussite professionnelle… et dans la poursuite d'un travail analytique.

montables. Faute de pouvoir s'envoler, un fils incapable de mettre un terme heureux à la dépression maternelle dont il se sent d'autant plus responsable qu'il ne se sent pas assez aimé pourra à son tour fuir[1] dans la maladie. Absorbé par la tourmente maternelle, négligeant ses propres besoins et identifiant son désir à celui de sa mère, il se laisse engloutir par le souci qu'elle ne cesse de lui procurer. De fait, il ne parvient pas à s'émanciper : prendre conscience qu'il lui revient comme à tout être humain de se « compléter » lui est impossible.

Tout comme l'art qui autorise la sublimation de ses pulsions et de ses contradictions peut servir d'exutoire à la douleur, les fantasmes les plus fous peuvent servir d'échappatoire. Faute d'avoir eu droit à une mère sur qui se reposer et d'avoir bien su s'extraire de la mélancolie maternelle, certains se persuadent d'être le fruit de leurs propres entrailles. Ainsi Artaud, qui disait être à la fois son père et sa mère. Ou ce peintre, fils aîné d'une fratrie de trois enfants, dont la mère était morte alors qu'il avait cinq ans, et qui quitta le domicile paternel à peine majeur en déclarant que, né de nulle part, il était le fils de lui-même. Ayant ressenti tout petit de l'hostilité pour la nouvelle épouse de son père, il avait refusé de se laisser adopter par elle plutôt que d'abandonner sa mère adorée qui l'avait abandonné.

À l'inverse, une séparation impossible peut être vécue dans l'euphorie ou dans l'ivresse, dans la fuite en avant ou une prise de risques inouïs, mais si la douleur due à la déchirure ne trouve pas de résolution créatrice ou productrice d'une énergie nouvelle, la dépendance s'accroît d'une génération sur l'autre.

---

1. Il s'agit bien d'une fuite dans la douleur devant cette difficulté incommensurable que représente la réparation impossible d'une mère pour qui se croit destiné à la réparer. Parce que sa mère a laissé entendre au garçon qu'il était là pour la réparer. On prend la fuite faute d'avoir pu *se sauver.*

Quelle qu'en soit la raison, quand la séparation n'a pu s'opérer, il en reste un sentiment d'échec, d'amertume ou de déchirure. Une mère ne se remet ni d'un chagrin ni de la culpabilité liés au malheur de la disparition de son fils. Aucune sépulture ne suffit alors à lui restituer ce dont elle a été privée.

Une histoire d'amour sans fin

Une mère, c'est du sentiment qui coule et s'écoule infiniment. Ainsi pourrait-on résumer ce qui se passe dans le cœur d'une mère et qui se transmet à son fils. L'un et l'autre ayant autant de mal à se passer l'un de l'autre qu'à ne pas s'en passer.

Pour aider à modérer ce flot de sentiments, on peut faire appel à la notion psychanalytique de castration. Elle renvoie à la sensation d'avoir été privé d'un organe ou d'une partie de soi qui à l'origine nous aurait appartenu. Dans ce contexte, le phallus est le symbole de ce manque irrémédiable, qui se fait sentir cruellement. Le fils doit renoncer définitivement au fantasme d'être le phallus de sa mère. Et celle-ci, à l'idée d'en avoir un[1]. Tous deux ont à apprendre à vivre avec la frustration qui en découle, à la sublimer ou à la compenser d'une façon ou d'une autre.

---

1. C'est en admettant la « réalité » de la « castration », que le sujet (masculin ou féminin) assume « son identité sexuée », Serge André, *in Devenir psychanalyste et le rester*, Éditions Luc Pire, 2007.

On peut dire de la castration qu'elle est, en termes de psychanalyse, un encouragement à répondre à une certaine norme humaine (masculin ou féminin) en acceptant le principe de réalité.

Celui-ci nous dicte la nécessité de faire des efforts pour renoncer à certains plaisirs premiers et à un certain confort enfantin. Il pose aussi l'interdit de tout rapport sexuel entre parent et enfant. Ce n'est qu'au prix de ce renoncement que mère et fils, chacun de leur côté, pourront se réaliser indépendamment l'un de l'autre, sans pour autant se perdre[1].

Exercée telle une crainte, pour contrer la reviviscence d'éléments enfouis liés à la sexualité enfantine qui viendraient perturber le présent, « la castration » fait barrage aux désirs incestueux. Mais il s'agit de ne pas céder à l'angoisse fondamentale[2] qu'elle réveille. Car, paradoxalement, bien assumée, elle met un terme à l'angoisse de perdre. (Son enfant, son sexe, son identité, et tous les objets qui en sont les avatars).

On voit ici, une fois de plus, que l'inconscient nous soumet à d'incessants tiraillements. En effet, il ignore la contradiction. Sa logique n'est pas celle du quotidien ordinaire.

Le terme même de « castration[3] » fait référence à une mutilation insupportable. Qui n'a pas entendu ou lu, au moins une fois dans sa vie : « Attention, si tu n'es pas sage, on va te la couper » ? On comprend qu'il soit mal accepté, même d'un point de vue symbolique, dans le langage courant. Agité comme une menace, il réveille toutes sortes de peurs. Il abolit alors les limites qu'il était censé imposer. Ici, par exemple, celles nécessaires à l'enfant pour qu'il se tienne mieux. Aussi cette notion est-elle à manier avec réserve.

---

1. *Ibid.*
2. Angoisse première, qui accompagne toute naissance, et qui est comme nous avons pu le voir synonyme d'insécurité chez l'enfant.
3. Opération par laquelle on prive un individu mâle ou femelle de la faculté de se reproduire.

Ce que nous pouvons en retenir pour notre propos, c'est la nécessité d'une coupure. Avec ce que cela comporte de déplaisant et même de déchirant mais aussi de bienfaisant. Des deux côtés de la relation.

Comme nous l'avons vu, toute leur vie, mère et fils apprennent à se séparer en se heurtant[1] le moins possible. C'est à la réalisation de cette coupure qu'encourage l'expérience psychanalytique afin qu'elle puisse se passer – dans les meilleurs termes et au prix des moindres douleurs – de part et d'autre.

Enfin, de même que cette relation, qui n'en finit pas, nous renvoie à l'énigme de l'origine, et à ce que celle-ci a de familier et d'étrangement inquiétant[2], les vicissitudes de la séparation nous ramènent infiniment à cette « antique terre natale qu'est le ventre maternel, dans lequel chacun de nous a séjourné une fois et d'abord »[3].

Nous terminerons ce livre sur les passages éloquents du témoignage de Léonore. Il illustre à merveille comment certaines difficultés se transmettent d'une génération à l'autre. Comment celles d'une petite fille face à son père se transforment en source d'inquiétude d'une mère pour son fils. Comment cette petite fille peut s'imaginer être la mère de son père pour le réparer, mais aussi comment une épouse peut se prendre pour la mère de son mari.

« Quand j'avais huit ans, mon père me montrait fièrement aux passants dans la rue en criant : "C'est ma femme !" Cette provocation joyeuse déclenchait une tempête en moi. Comme toutes les petites filles, j'étais amoureuse de papa, mais je sentais que cet amour devait rester secret, abstrait, interdit.

1. « To hurt » en anglais signifie le fait de causer de grandes douleurs physiques et morales, du désarroi, des lésions.
2. Sigmund Freud *in L'Inquiétante étrangeté, op. cit.*
3. Serge André, *op. cit.* Ici, Serge André fait une référence à *L'Inquiétante étrangeté, op. cit.*

J'avais honte, et en même temps, j'étais fière. Honte que les gens pensent que j'étais vraiment sa femme puisqu'il n'en avait plus depuis son divorce. Honte qu'ils soient choqués par notre différence d'âge. Mais tellement fière d'être désignée comme sa petite femme... J'étais celle qui s'occupait de lui. J'étais responsable à part entière de ce grand gaillard drôle et triste, de cet adulte immature, merveilleux, impatient, spontané, perdu. J'étais la sauveuse toute-puissante de mon pauvre petit papa chéri. Une mission épatante pour une petite fille. J'avais là une occasion de mettre en application mon instinct maternel déjà bien entraîné sur toute une ribambelle de poupées.

Car au lieu de prétendre que j'étais sa femme, mon père aurait mieux fait de s'exclamer en me montrant : "C'est ma mère !"... Toute sa vie, en tout cas celle où je fus là, je crois que mon père chercha sa mère à travers les femmes. Même ses deux filles... Il ne pouvait pas être le père qui protège parce que le petit garçon en lui avait avidement besoin d'être protégé par sa mère. À chaque fois que mon père me présentait à une nouvelle compagne, je voyais le papa défaillant s'éclipser avec soulagement derrière le gamin influençable, avide de maternage et d'attention. J'avais trente ans et lui soixante-neuf, lorsque j'assistais à une scène qui me blessa profondément parce que ce jour-là j'étais en détresse et que j'aurais voulu que mon père ait de larges épaules dans lesquelles me blottir. Mais au lieu de venir me sauver sur son beau cheval blanc, il débarqua flanqué de son épouse, une grosse matrone aussi méchante et autoritaire que les marâtres des contes de fées.

Là où j'avais besoin d'un père, j'assistais au triste spectacle d'un petit garçon en train de se faire rabrouer : "Mets ton pull ! Ne mange pas chaud ! Prends tes médicaments" ! Car mon père était malade. Il allait mourir bientôt, nous le savions tous, et cette maladie lui donnait désespérément envie de retourner se réfugier dans le ventre maternel. Il y réussit presque... Cette femme, ce jour-là, aurait pu allonger mon père sur ses genoux pour le fesser devant moi, il n'aurait rien dit. Cet homme riche pourtant de l'expérience de toute une vie était devenu un petit garçon docile et soumis à l'autorité d'une femme qui en abusait voluptueusement.

CONCLUSION

Cette jeune maman dont le fils va souffler dans quelques semaines sa première bougie appréhende à ses heures l'avenir... Et se demande comment être... « bonne ».

Et dire qu'à présent, je suis la mère d'un fils... Alors je me dis...

Pourvu que je ne sois jamais comme cette mère qui ne supporte pas l'idée que son fils adolescent se masturbe en cachette et jette le sujet sur la table, en plein dîner entre amis, soi-disant pour en rire mais plutôt pour le mettre mal à l'aise, pour couper net ses agissements, pour lui couper le souffle, pour tout lui couper en fait... !

Pourvu que je ne sois jamais comme cette mère-célibataire qui prend son fils de quatre ans pour son doudou.

Pourvu que je ne sois jamais comme cette mère qui habille son petit garçon comme une poupée, en lui disant de ne surtout pas salir les jolis habits et ses espoirs délirants.

Pourvu que je ne sois jamais comme cette mère dénigrant continuellement son mari devant son fils.

Pourvu que je ne sois jamais comme cette mère au foyer dépressive, étouffée par les convenances, bourgeoise trompée par le maire du village, suppliant son fils de vingt ans de lui apporter son linge sale à laver.

Pourvu que je ne sois jamais comme cette mère cherchant à donner l'image d'une femme douce et dévouée, au service de sa famille, mais affreusement rigide, autoritaire, glaciale derrière le sourire de madone et les sacrifices consentis.

Pourvu que je ne sois jamais l'une de ces mères intrusives, dévorantes, incestueuses, malheureuses, incapables de laisser partir leur objet d'amour pour ne pas s'effondrer.

Pourvu que je ne sois jamais comme toutes ces mères avec lesquelles j'ai dû me battre un jour pour trouver une place dans la vie de leur fils.

Heureusement une analyse m'a permis ne plus rechercher ces fils-là, si semblables à mon père.

Maintenant que j'ai un fils, je comprends qu'une mère, une femme ayant perdu sa jeunesse depuis longtemps, soit émue en regardant son fils, cet homme si beau et imposant, si plein de poils et de musique grave dans la voix. Qu'elle soit émue à l'idée que cet homme au sommet de son intelligence et de sa séduction a un jour été le bébé joyeux qu'elle tenait dans les bras et dévorait de baisers. Je la comprends à condition qu'à présent elle reste à sa place, et fasse preuve de pudeur en retenant ses élans de tendresse.

J'espère que je serai une mère comme ça : fière d'avoir aidé un homme à aller parcourir le vaste monde. Sans peur, sans regret, sans culpabilité, et surtout sans elle... »

Ce qui s'est dit dans ce livre se fait l'écho de ce que nous apprend le déchiffrage de l'inconscient lorsqu'il affleure à la conscience, que ce soit à travers les rêves et toute œuvre d'art, ou dans le cadre de la pratique psychanalytique. Mais la vie quotidienne n'a de cesse de nous rappeler combien il est précieux d'être attentif aux messages qu'il nous adresse.

Bibliographie et filmographie

Les principaux ouvrages dont la lecture
a nourri la rédaction de celui-ci :

ABRAHAM Nicolas et TOROK Maria, *L'Écorce et le noyau*, Flammarion, 1998.

BRACONNIER Alain, *Mère et fils*, Odile Jacob 2005.

ADLER Alfred, *Le Sens de la vie*, Payot, 2006.

ALLOUCH Jean, *Marguerite ou l'aimée de Lacan*, EPEL, 2001.

ANDRÉ Serge, *Devenir psychanalyste… et le rester*, Luc Pire, 2007.

ASSOUN Paul-Laurent,
   Psychanalyse, PUF, 2007.
   Le Transfert, Anthropos, 2007.

DEL CASTILLO Michel,
   Rue des archives, Gallimard 1994.
   Une femme en soi, Le Seuil, 1995.

CHEMAMA Roland et VANDERMERSCH Bernard, *Dictionnaire de la Psychanalyse*, Larousse, 2003.

COCTEAU Jean,

Les Parents terribles, Gallimard, 1994.
Les Enfants terribles, Le livre de poche, 1994.
Thomas l'imposteur, Gallimard, 1973.
Lettres à sa mère, 1906-1918, Mercure de France, 2001.

COHEN Albert,

Carnets, Gallimard, 1978.
Le Livre de ma mère, Gallimard, 1974.

DOLTO Françoise, NASIO Juan-David, *L'Enfant du miroir*, Payot, 2002.

FLAUMENBAUM Danièle, *Femme désirée, femme désirante*, Payot, 2006.

FORD Richard, *Ma mère*, L'Olivier, 1993.

FREUD Sigmund,

« Sur la sexualité féminine », *in La Vie sexuelle*, PUF, 1969.
« La féminité », *in Nouvelles conférences sur la psychanalyse*, Gallimard, 1936.
L'Inquiétante étrangeté et autres essais, Gallimard, 1985.
« Deuil et mélancolie » *in Métapsychologie*, Gallimard, 1986.
Abraham Karl, *Correspondance 1907-1926*, Gallimard, 1969.

GARATE-MARTINEZ Ignacio, *L'Expérience d'une psychanalyse, généalogies du désir à l'œuvre*, Érès, 2005.

GOFFETTE Guy, *Verlaine d'ardoise et de pluie*, Gallimard, 1996.

HALIMI Gisèle, *Fritna*, Plon, 1999.

HANDKE Peter, *La Courte lettre pour un long adieu*, Gallimard, 1986.

KAFKA Franz, *Lettre au père*, Gallimard, 2002.

KAUFMANN Nathalie, *Mère, mon beau souci…* Les Belles Lettres, 1997.

LAPLANCHE Jean et PONTALIS Jean-Bertrand, *Le Vocabulaire de psychanalyse*, PUF, 2004.

© Groupe Eyrolles

MEGGLÉ Virginie, *Couper le cordon*, Eyrolles, 2005.

MODIANO Patrick, *Un pedigree*, Gallimard, 2006.

NADAUD Lionel, *Des sources au rejaillissement actuel de la psychologie individuelle*, Érès, 1994.

NAOURI Aldo, ANGEL Sylvie, GUTTON Philippe, *Les Mères juives n'existent pas… mais alors, qu'est-ce qui existe ?*, Odile Jacob, 2005.

PONTALIS Jean-Bertrand, *Frère du précédent*, Gallimard, 2006.

RAND Nicholas, *Quelle psychanalyse pour demain ? Voies ouvertes par Nicolas Abraham et Marie Torok*, Érès, 2001.

ROUCHY Jean-Claude (dir.), *La Psychanalyse avec Nicolas Abraham et Maria Torok*, Érès, 2001.

SIMENON Georges, *Lettre à ma mère*, Omnibus, 1999.

STOLLER Robert-Jean, *Masculin ou féminin ?*, PUF, 1989.

ROTH Philip, *Portnoy et son complexe*, Gallimard,

VITTORINI Élio, *Conversation en Sicile*, Gallimard, 2002.

WEYERGANS François, *Trois jours chez ma mère*, Grasset, 2001.

ZORN Fritz, *Mars*, Gallimard,1982.

« *Ma chère Maman…* » *De Baudelaire à Saint-Exupéry, des lettres d'écrivains*, Gallimard, 2002.

Toi, ma mère, écrivains, artistes et anonymes se souviennent de leur mère, récits et témoignages recueillis par Anne-Laure Schneider, Albin Michel.

Dictionnaire de la psychanalyse, préfacé par Philippe Sollers, Encyclopaedia universalis-Albin Michel.

Dictionnaire étymologique de la langue française, L. Clédiat, Librairie Hachette, 1912.

Le Petit Robert.

Les principaux films qui ont inspiré la rédaction de cet ouvrage :

COMENCINI Luigi,
 Casanova, un adolescent à Venise, 1969.
 L'Incompris, 1967.

CRIALESE Emanuele, *Respiro*, 2003.

DE SICA Vittorio, *Le Jardin des Finzi Contini*, 1971.

EUSTACHE Jean, *La Maman et la putain*, 1973.

FOUGERON Martial, *Mon fils à moi*, 2007.

FREARS Stephen, *The Queen*, 2006.

LAFOSSE Joachim, *Nue propriété*, 2007.

MALLE Louis, *Le Souffle au cœur*, 1971.

ROSSI STUART Kim, *Libero*, 2006.

SAURA Carlos,
 Anna et les loups, 1972.
 Maman a cent ans, 1979.

VISCONTI Luchino,
 Les Damnés, 1969.
 Mort à Venise, 1971.

www.ingramcontent.com/pod-product-compliance
Lightning Source LLC
Chambersburg PA
CBHW070911270326
41927CB00011B/2524